ちくま新書

歴史人口学事始め

——記録と記憶の九〇年

速水 融
Hayami Akira

1475

歴史人口学事始め——記録と記憶の九〇年【目次】

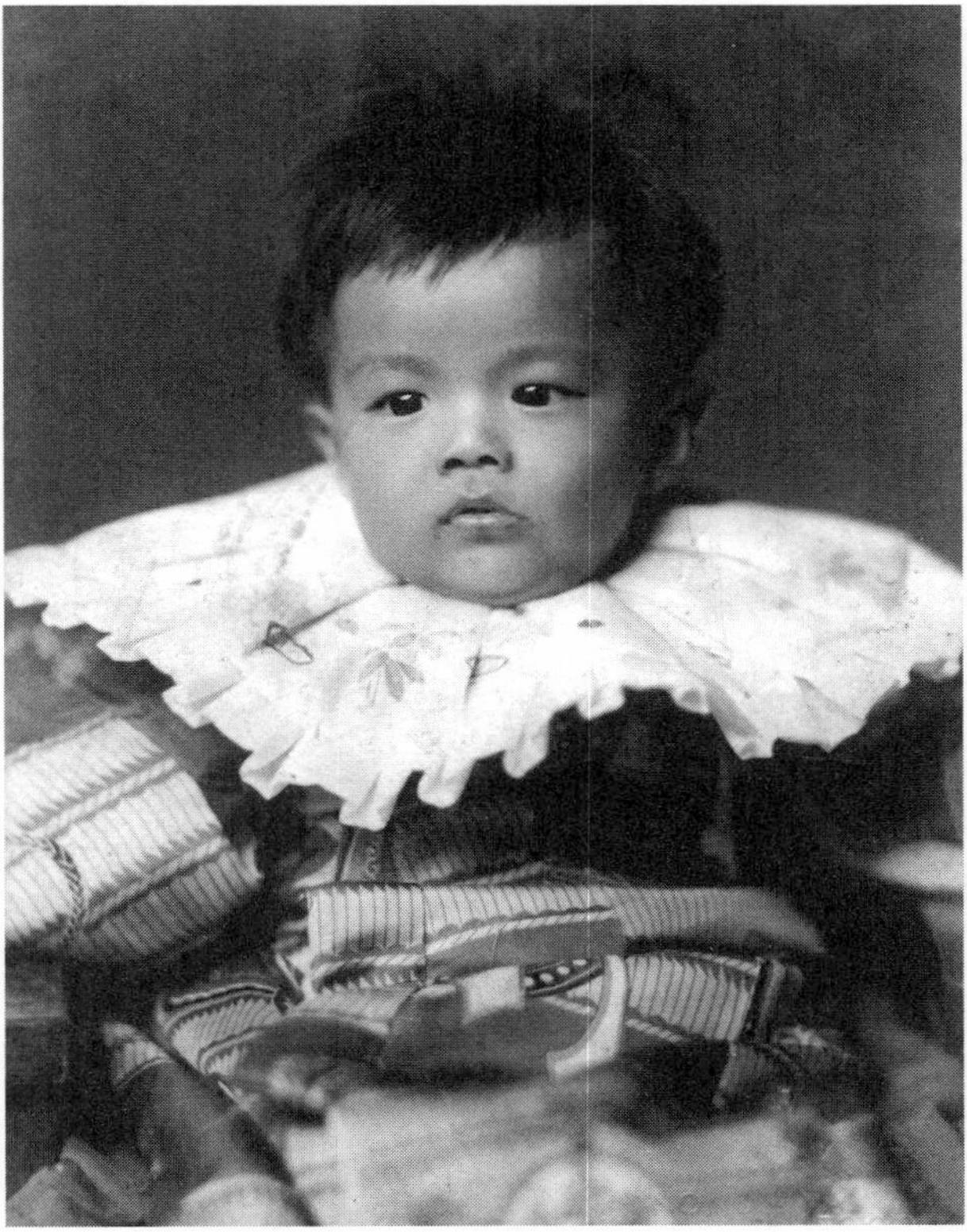

I 誕生から中学まで
――1929-1945

著者1歳の頃(1930年)

第1章　生い立ち

†出生

私の生まれは一九二九（昭和四：十支十二支では己巳《ツチノトミ》）年一〇月二二日、東京市市ヶ谷の黒川産院との由《よし》である。父親は、速水敬二《はやみけいじ》（一九〇一〈明治三四：丑〉年二月五日生まれ）、母親は、速水久子《ひさこ》（一九〇四〈明治三七：辰〉年二月九日生まれ）。長男の私の出生時には、それぞれ二八歳と二五歳になっていた。

当時としては遅い方だが、私の前に、長女敦子《あつこ》を出産していて、わたしは第二子目である。しかし敦子は出産後、数日間しか生存していなかった。小さな墓標が残るのみである。乳児死亡率が一五〇‰《パーミル》の時代のことであったのを考慮すれば、これは特別な出来事ではない（国立社会保障・人口問題研究所編二〇一九）。

一〇月二二日が本当に誕生日か否かについて、今となっては調べようもない。現在でもそうだが、法律上、行政官庁への出生の届けは、実際の分娩後二週間以内に医師の証明付きでなされるべきであると規定されているのみで、出産の日でなければならないという規定はない。だから、年末や年度末が回避されたり選択されたりして、しばしば「出産」の日と合わない「出生の日」が決められる（小嶋二〇〇四）。しかし私の場合、他に理由もないので、この日を「誕生日」としておこう。

その頃、両親の世帯は、父親が、京都で哲学者西田《にしだ》幾多郎《きたろう》に傾倒した数年間の京都大学選科生としての在学期間に区切りをつけ、東京に居を移していた。私の本籍地は、三重県北牟婁郡《きたむろぐん》引本町《ひきもとちょう》大字《おおあざ》引本浦《ひきもとうら》一九二番地（後述する母親の家族が住居していた地名）、現住所は、東京市豊《とよ》多《た》摩郡《まぐん》杉並町《すぎなみちょう》高円寺《こうえんじ》五三九番地と登録された。なおこの杉並の住居は、後記するように、東畑《とうはた》家一族がそれぞれ受け継ぎながら住み込み、最後には三木《み》清《きよし》氏の住む所となるゆかりの場所である。

†名前の由来

ところで、私の名前「融《あきら》」は、おそらく父親による命名であろう。漢語辞典を引くと「融」には「明らかにする」の意があると掲載されている。同時に「融」は、「融和」とか「融合」という、角を立てずに丸く収める場合に使われている。金銭の融通《ゆうずう》からきた「金融」という言葉も、この字がそういった平和的行為・結合を含意している文字だから用いられているのだろう。

しかし現実には、この字を「あきら」と読ませるある有名な人物が一人いた。誰あろう久邇《くにの》宮朝融王《みやあさあきらおう》である。父と同年の二月二日に生まれ、「あさあきら」と名乗った。さらに、私の生まれた一九二九年に、この久邇宮朝融王が父邦彦王《くによしおう》の死去により久邇宮家の当主を継ぎ、昭和天皇の従兄となり、良子《ながこ》皇后陛下の兄という地位に就いたことが注目される。つまり、戦後の皇族制度の改革以前、朝融王は「宮中」の構成体に最も近い位置にいた。

とにかく「融」の字を「あきら」と読む例がきわめて稀なのは事実で、恨んでいるわけではないが、生涯に私の名を「あきら」と一発で読んだ人はたった一人しかなく、幼い頃から一六画のこの字を書くのにも、説明するのにも時間はかかるし、学校や役所で苦労した。

しかし悪い思い出ばかりではない。いつの頃からか、能楽に「融《とおる》」という曲があることを知った。その方面については無知なので、私には「能」を語る勇気は全くないが、小学校一、二年生時代に同級生だった増田正造《ますだしょうぞう》氏の著作『世阿弥の世界』(二〇一五)を通して、その内容を窺ってみよう。

能楽「融」の主役である「大臣《おとど》は光源氏のモデルとされるが、その父嵯峨天皇《さがてんのう》が死刑を廃止されて以来何百年、日本は血のにおいから遠かった」とされる。『日本史辞典』によって確かめてみると、「死刑制度」の項目に「九世紀から一二世紀の保元の乱まで実施されなかった」

とある。まさに「融」の文字は「とおる」と読むにしても、平和を示す象徴であり、融和の表現なのである。ともかく平安朝期の約三〇〇年にわたる期間、皇室の名による死刑という断罪はなかった。

もちろんこのことは、日本中が平穏だったことを意味するわけではなく、皇室において、天皇の継嗣《けいし》をめぐる確執がなかったという意味である。その点、戦後日本の「平和」と通じるものがあるかもしれない。

世阿弥《ぜあみ》（一三六三頃〜一四四三頃）の時代には、この能楽には「塩釜《しおがま》」という題が付されていたらしい。しかし江戸時代には、戦国時代の混乱を経て「融」という題に統一されていった（この点、筆者の独断かもしれない）。なお、終戦直後、私は後述するように、アルバイトとして紀州熊野《きしゅうくまの》で塩（海水）を炊いて製塩をしたことがある。塩は専売制の下にあったから違法だったかもしれないが、この点でも私の名前は「塩釜」とも偶然に結びついている。

というわけで、「融」の字は画数の多い文字ではあるが、「安定」「平和」を内包する文字らしい。哲学の徒であった父親は周囲の声を聞かず、かなり無理をして私を融《あきら》と命名したのではなかろうか。

本書を草するにあたって、実に八〇年ぶりに旧友で、先ほどの世阿弥に関する著作もある増田正造氏とのメールのやり取りも始まり、「そのうち会おうや」ということになった。期せずして、この上ない喜びを与えられた。これも「融」の効用だろうか。

†速水家と東畑家

ところで一九二九（昭和四）年一〇月二二日とはどういう日だったのか。この日は火曜日である。東京の天気は晴天（新聞の天気予報による）であった。ところが、翌々二四日は、ニューヨークの証券市場で株価が暴落し、「暗黒の木曜日」と呼ばれる世界大不況の幕が切って落とされる日となった（時差の関係で、日本の市場に影響が出るのは日本時間で二五日になるが）。しかしこの時点では、その不況が長期にわたって続き、世界史を変える大混乱期の始まりになるとは誰も予想し得なかったであろう。

私は速水姓であるが、これは紀伊国《きいのくに》牟婁《むろ》郡《ぐん》引本浦《ひきもとうら》を本籍とする母親の家系の姓で、父親は伊《い》勢国《せのくに》一志《いちし》郡《ぐん》井《い》之《の》上村《うえむら》、東畑家の出身である。理由はわからないが、父は速水家に養子に入った。詳しいことは知らされていないが、三重県立津中学校卒業と同時だったとすると、一九一九（大正八）年、父が一八歳の時になることから、姓はそれ以降「速水」で通すことになった。

速水家の長女であった久子はまだ一五歳で、ただちに結婚したわけではなく、結婚は数年以内に予定されていた。速水家では、当主の「健治郎」とその妻「てい」の間に三人の女子が生まれていたが、家業である林業経営や漁業経営、金融業などを続けるためには、婿養子《むこようし》をとる必要があった。私の父がなぜその地位に呼ばれたのかはわからないが、とにかくこの養子婿入りには、そのような速水家の跡を継ぐという目的があった。

ところが、養子として速水家に入ることが法律的に成立した直後、速水家に男子「勉《つとむ》」が出生する。当然ながら、血を引く長男「勉」が速水家の「跡とり」になり、「敬二」による婿養子は解消となった。法律的には父は「入夫結婚《にゅうふ》」に変わった。養子解消の代わりに、引本近くでいくばくかの土地（山林）と信託財産を分与され、父は久子と結婚する。この場合、姓は速水・東畑いずれでも選択できたらしいが、父は速水姓を選んだ。

†どこにも外出しない父親に

入夫結婚する前に、父は新設の東京商科大学（現・一橋大学）に入学した。これは速水家の経営に必要な実学を身に付けるためだったと思われる。自発的に商大入学を選んだのか、養子先の要請だったのかはわからない。同大学は、一九二〇（大正九）年に設立、当初の校舎には、神田の一ツ橋通りにあった東京高商が充てられた。同級生に、戦前から戦中・戦後にかけて活躍した朝日新聞社の笠信太郎《りゅうしんたろう》氏がいて、他にも何人か友人を持つことができた。だが、養子問題が解消して自由になった父は、あと一年か二年で卒業だというのに東京商大を退学し、自ら選んだ道である、哲学を学ぶべく京都へ居を移した。このあたりの正確な年月はわかっていない。確たる根拠があるわけではないが、一九二五年中には京都に移っていた。

京都時代の父は、新婚早々で、子どももいなかったし、学問的にも哲学は自分で選んだ分野なので努力を重ねることを厭わず、実生活の上でも楽しかったらしい。西田幾多郎教授の講義に接し、多くの熱心な学徒と交わり、哲学科選科生の一員として、「月こそかかれ吉田山」(三高寮歌、逍遥《しょうよう》の歌)など、後年になってオルガンを弾きながら上機嫌で歌っていた父を思いだす。西田幾多郎教授の名声は全国的に高く、何十人もの若者が、聴講生・選科生として講義や演習に集ったため、正規の学生から「十分指導を受けられない」と文句が出たようである。実際、西田についで、田辺元《たなべはじめ》、波多野精一《はたのせいいち》、朝永三十郎《ともながさんじゅうろう》と当時の日本の哲学界の中枢を揃えた京都大学哲学科は壮観で、他を寄せ付けないほどの豪華キャストが並んでいた。

だが、一介の選科生が京都大学で何年か学んでも、そこで哲学を担当するポストを得るのは不可能だった。どこかへ移らなくてはならない。その場合、東京が最も向いていた。大学令の公布(一九一八〔大正七〕年)により、多くの公立および私立大学が開学した。哲学の専門課程を置かなくても、教養科目の一つとして、どの大学でも「哲学」を教えるようになったし、当時の日本の「哲学」はドイツ哲学を基本にしていたから、ドイツ語の教師として働くことも可能だった。

東京へ移った父も、いくつかそのようなドイツ語の非常勤講師をしたこともあったが、本来の目的ではないから長続きはせず、私の知る限り、私用以外どこにも外出しない人になっていた。自宅が同時に仕事場になった。怖い父親がいつも家に居るということは、その後の私の人間形成にいくつかの影響を与えているに違いない。

†東京西郊に住む

中央線沿線の住宅地は、関東大震災以後、都心部の焼失という大災害の経験から、急速に住宅地として開発された地域である。何よりも、都心まで頻繁に運行され、収容人員の多い「省線電車」が迅速に人を運んでくれる中野・高円寺・荻窪・吉祥寺とつながる西郊住宅地帯が他に先駆けて形成された。都心には、官公庁や大企業の本社の高層ビルが立ち並ぶようになり、東京の景観は徐々に変貌する。

我が家は、その一コマとして、まずは西郊において展開された借地・借家住宅群の一戸であった。不思議なことに、生まれた頃に住んだ杉並の一隅で、私は今この原稿を書いている。父親が戦後求め、疎開《そかい》先から家族を呼び寄せ、私を含めてここに居住した。私は、結婚して他所に出たときもあったが、一七年ほどこの地に住み、後にその一部を相続して四五年あまりになる。老人ホームも杉並区にあるので、生涯の七割以上は杉並のどこかに住んでいたことになる。これも縁というものなのだろうか。

†幼児体験

出生とそれにまつわる物語はだいたい以上のようなことだが、私自身の生涯最初の記憶となるとかなり遅れる。居所は、当初は高円寺だったのが、やがて中野区橋場町、そして中野区氷川町（確か七番地）へと少しずつ東へ移動した。現在より家具は少なく、住民の多くは借家住まいだったので、引越しは容易であった。後述するように、一九三三年に弟の格《いたる》が生まれ、それまでの住まいが手狭になったからかもしれない。この氷川町の家になると、うっすら覚えている。家は確か東中野駅の南側にあって、横道に入ってさらに（豆腐屋さんの角を）曲がると行きどまりの道があった。

その直前の左側にある洋館建ての家だった。行きどまりは、確か亀井《かめい》高孝《たかよし》氏のお宅だったと思うが、もしそうなら、その方は一高教授の西洋史家であった。また、ずっと後年になり、私が慶應義塾大学経済学部で教員として勤めるようになってから「私はあなたが幼少の頃、お隣に住んでいましたよ」と、ドイツ文化を教える塚越敏《つかごしさとし》文学部教授に言われ、びっくりしたことがあった。そのあたりは、いわゆる「文化人」の居住する地域だったのかもしれない。また、書籍取次で著名な栗田《くりた》書店の社長をされていた栗田氏が馬に乗って来宅され、道路の電柱か何かに馬が繋がれているのを見て驚いたこともあった。

氷川町時代にはあと二つ記憶に残っていることがある。第一は日蝕《にっしょく》。日時までは覚えていないので、東京天文台編の『理科年表』を繰ると、この年（一九三四年）の二月一四日、日本で日蝕が見られたとある。ただし、東京で最大（食甚）〇・三二であり、皆既《かいき》日蝕には程遠かった。

感應幼稚園でお神輿を担ぐ（1934年）

そのためか、この日のことは年表類には全く出てこない。しかし四歳半の私にとっては、なぜか恐怖感を抱かせた事件でもあった。天候もよかったので、冬の晴天に輝く太陽が八時半頃から欠け始め、それが一時間ほど続き、鳥もいつもと違った鳴き方で飛び交い、太陽の三分の一が真っ黒になったのをプレパラートを煤《すす》でまぶした小さな板で覗いていると、このまま真っ暗になったらどうなるんだろうと本気で心配で、泣き出しそうになった。

第二は、幼稚園に通うようになったことだ。一九三四年四月、私は、青梅街道《おうめかいどう》から少し北側に入ったところにある宝仙寺《ほうせんじ》に付属する感應《かんのう》幼稚園に入園した（二年保育）。広い原っぱを横切って往復したのだが、なぜここに家が建っていないのだろうと疑問を持ちながらだった。

今になって思うと、それは現在の環状六号線（山手通り）の道路予定地で、未着工区間だった。震災後の復興を手掛けた後藤新平の都市計画で、ともかく東京を広い放射状と環状の道路網で覆い、防火とともに迅速な移動を可能とし、災害に強い都市にする計画であった。しかし、東京は一九四五（昭和二〇）年にもう一度焼け野原になるとともに、戦後のモータリゼーションの勢いは後藤の予想を越え、高速道路網が東京を覆っている。

†鉄道マニアの誕生

ところで、私は母親に幼稚園に送ってもらっていたのだが、なかなか母親離れができずに両親を困らせたらしい。また幼稚園の仲間とも友達になれなかった。写真でも、「神輿《みこし》を担いで何が面白い」とでもいうようにふてくされているものがある。

家に帰ると、バスケットを放り出して東中野の駅へ行った。行き交う電車や、ごくたまに来る電気機関車（発音できないので「ロコモー」と呼んでいたそうである）に引かれた列車を柵にもたれて眺めた。特に、四時半過ぎに新宿を出る塩尻行の列車は必見で、それを見てからでないと帰ろうとはしなかった。後の鉄道マニアの誕生である。

「ロコモー」ついでに、この時代のエピソードをもう一つ書いておこう。親戚の誰かが上京し、父は皆を日光に案内した。日光行きの観光列車が走りだしていた頃である。それを利用したのだろうと思う。

日光駅に着いて一同東照宮《とうしょうぐう》や、華厳《けごん》の滝へと向かうのだが、私は駅でトンデモナイものを見てしまった。蒸気機関車である。この「ロコモー」は、動作が動物そっくりで、フーッと息をし、大きな車を動かすピストンが前後に動き、ゆっくりと走り出したり止まったり、ウオーッと吠えたり、ピーッと鳴いたり、客車や貨車を連結したり、切り離したり眼の前でそのように動いてくれる「ロコモー」に私は夢中になり、もう駅を離れられなくなってしまった。

夢中になった私は観光はイヤだとダダをこね、とうとう一行の誰かが犠牲になって皆が帰ってくるまで私の「ロコモー見学」に付き合わせることになってしまった。夕方まで、すごい「ロコモー」を堪能できたのだ。今となっては、そのとき私に付き合ってくれたのが誰であったか、知る術もない。まことに申し訳なかったと思う。

最近になって、私は「徳川記念財団」の「徳川賞」という、前年に出版された徳川時代に関する著作のうち、学問的に最も優れた作品に与えられる賞を選ぶ委員会のまとめ役を仰せつかった。一〇年間、懸命になって文献を読み、意見を調整するという役を果たし得た理由の一つは、あの時の罪をあがなう気持ちを心のどこかに持っていたからかもしれない。

第2章　小学生の頃

†高輪に引っ越す

はっきり月日は覚えていないが、一九三五（昭和一〇）年の秋か一九三六年初頭、一家は住まいを、それまでの中央線沿線から離れ、高輪《たかなわ》の泉岳寺《せんがくじ》に近い芝区車町《しばくくるまちょう》六五番地に引っ越した。品川駅前から古川橋、天現寺橋《てんげんじばし》、信濃町を通って四谷塩町《よつやしおちょう》（現在は四谷三丁目）に至る間を結ぶ市電で、たしか三番の番号を付けた四輪の小型車がゴトゴト走っていた。

一番近い停留所は「泉岳寺前」で、ここには品川駅前から銀座、上野、浅草と東京市の背骨に当たる通りを一番の番号を付けた市電が走っていた。ただし電車は木造の古い型のもので、鉄鋼製の車両もあるのに、目抜き通りをなんで古い電車が走るのかと疑問に思うようになる。

家は三番の市電の走る道から路地に入り、坂を上った行きどまりにある二階建ての大きな建物で、広い庭もあり、また初めて電話もついていた。確か高輪局（四四）の一六七八番だった。すぐ裏は高輪中学校で、鉄筋コンクリートの建物との間は、大げさにいえば断崖絶壁になっていた。

家の裏まで行くと、表通りでは数軒先の陽寿院《ようじゅいん》という寺院に属する墓場と隣り合わせになっていて、木戸はあったが、事実上往来は自由だった。今までの居住環境とは大きく変わったのである。一九三三（昭和八）年生まれの弟・格も加わり、父親は書斎を持ち、その蔵書が書棚に並んだ。それに今から考えると、母親の出自の速水家を継ぐ速水勉氏が慶應義塾大学に入学し、予科一年生として東京（慶應義塾大学の予科は横浜市の日吉に新しくキャンパスができていた）に住む必要が生じ、それを見据えての引っ越しだったのだろう。

勉氏には洋館二階の広い洋間が与えられ、私と弟はその下の一階部分を子供部屋として与えられたが、間もなく増築した二階の広い空間を兄弟で共有した。この空間は、従来あった洋館の二階と独立した別の二階の和室とをつなぐべく新しく追加された建物で、同時に部屋でもあり廊下でもあり物置でもあった。ガラクタも置いてあるそこから物干し台に出ることもできるという珍妙な部屋で、私は、小・中学校時代を送ることになる。

引っ越しによって、幼稚園も最後の数カ月は、高輪の住居に近い高野山別院の付属幼稚園に替わった。家から泉岳寺の門前、そして墓地の横を通って一つかなり急な坂を上り、二本榎《にほんえのき》通りに出て通園した。

幼稚園で何をしたかは全く覚えていないが、一つだけ、二・二六事件（一九三六〈昭和一一〉

年）の日のことは覚えている。父は典型的な夜型で、家族が寝静まってから仕事をし、昼前まで寝ていたから、我が家ではラジオで朝のニュースを聞く習慣はなかった。何も知らずに家を出て、雪の積もった道を歩いて幼稚園に着いたら、「今日はお休みにします。お家にいて、外に出ないようにしましょう」と言われ、変な日だなと思いながら帰ったのだが、帰りに雪の坂道で滑って転び膝小僧をすりむき、血がにじみ出た。べそをかいて家に戻ったのは忘れられない。

事件そのものについては六歳の私には理解不可能だったが、これが血の出た私の二・二六の記憶である。振り返ってこの事件を思い出すと、日本は、その頃まではクーデターがしばしば起こり、政府や財界の要人が暗殺されるような暴力の横行する社会だった。特に、一九二一（大正一〇）年一一月の原敬《はらたかし》首相暗殺以降の一五年間は、こういった暴力がかなりの頻度で起こる未熟な社会だったのであり、「大正デモクラシー」と名づけられたバラ色の社会が到来していたわけでは全くなく、経済面での好景気・不景気の交錯を加え、「不安定な社会」が到来したとすべきではなかろうか。

†高輪台小学校時代

四月になり、私は学区の高輪台小学校一年生となった。この小学校は、関東大震災の教訓から、東京のいくつかの地域に鉄筋コンクリートの建物を建て、いざという時の防災拠点とすべく計画されたものの一つである。近くの高輪および台町の二小学校の学区を合わせ、名前も高輪台小学校として、前年四月に開校したばかりだったので、まだピカピカの校舎だった。三階建てで、屋内体育館ばかりか、当時としては他校には見られない二五メートルの屋外プールがついている新式の設備を持つ学校である。当時は周囲に高層ビルがないので、ひときわ目立つ校舎だった。校歌も「秀麗《しゅうれい》富士を仰ぐ……」で始まる堂々たるもので、北原白秋《きたはらはくしゅう》作詞・山田《やまだ》耕筰《こうさく》作曲である。

芝区高輪台尋常小学校に入学（1936年）

私は全体で五組ある一年生の一組に割り当てられた。一組・二組が男子、四組・五組が女子、三組が男女組だったように思うが確信はない。生徒のクラス分けがどのような方法でなされたのか全くわからないが、一組だけ担任が小野先生で、

高輪台小学校１年１組（1936年）

唯一の男性の先生だった。

私は一年生と二年生を小野先生に担当していただいてよかったと思っている。先生は確か御殿場《ごてんば》近くのご出身で、その教員としてのキャリアの最後が私たちの担任だった。幸い、佐藤校長先生と並び、一年一組全員の写真が残されている。もう八〇年を越えているので、自分の姿さえどれだか判別に苦しむほどだが、何人かの顔と姓は出てくるので、何時間見ていても興趣は尽きない。

高輪台小学校の学区は、古川橋から五反田・目黒へ行く電車通り、二本榎通りを中にはさみ、市電一号線(品川〜浅草間)の走る国道沿いまでの区間で、高松宮《たかまつのみや》邸《てい》や泉岳寺・東禅寺《とうぜんじ》などの寺院、高輪神社など有名な寺社が含まれている。サラリーマン世帯もあったが、小売り商店や職人の街といった感じが強く、一口に言えば庶民的な街を学区としていた。

隣の白金《しろかね》小学校の学区に、いわゆる「越境入学」する児童もいたが、高輪台に越境してくる児童は、少なくとも私の通っていた頃には皆無だったように思う。

ということで、クラスの構成員も一般庶民の子弟が多数だった。休み時間になると、メンコやけん玉で遊ぶ小グループがいくつかでき、声をあげて楽しんでいた。今までの『コドモノクニ』の世界とは異なる雰囲気だった。私はメンコもけん玉も見たことすらなかったので、何もできず一人で見ているだけで、たまに同級生から「速水君もやんなよ」とけん玉をわたされても、どうやってすればよいのかわからず、もちろんオチョコに乗るわけはなく、それこそちょこちょこっとやってみて返すしかなかった。

体操の時間も、「ヨーイドン」で駆け出してゴールはたいていビリ。鉄棒は逆上がり一つできず、跳び箱は一番低いのさえ飛べずといった状態だった。運動会に出るのがイヤで、朝、体温計の水銀の部分をこすって熱を上げ、「八度三分あるから休む」とズル休みをする、つまり不登校児だった。

運動はほとんどすべてがダメだったが、水泳は、毎夏母親の出身地の紀州熊野の海で一月暮らし、毎日、海で泳いでいたので、何とかプールで泳げたが、熊野の海水と、プールの真水とでは浮力が違うので、簡単に飛び込むことができたわけではない。

総じて集団行動が苦手で、学芸会でも役が回ってきませんようにと心の中で祈っていた。

しかし、一般の教科では上位——おそらくはトップ——だった。算数など、先生が問題を黒板に書き終わるのと同時に、手を挙げて回答することができたし、「サイタ　サイタ　サクラガ　サイタ」も皆で声を出して読む時には、頭の中で、後述する某氏から習った逆さ読み「タイサ　タイサ　ガラクサ　タイサ」と唱え、ほくそ笑んでいた。教室でそんな読み方をしたらどういう結果になっていただろう。

ともかく、読み方は幼稚園時代に『コドモノクニ』を音読していた効果があったのかもしれない。また、いつの頃からか、我が家では『子供の科学』を毎月とるようになっていた。これは私一人ではなく家族全員が読む科学雑誌だったが、私にも理解できる記事があれば読んでいた。

そういったことから、外で遊ぶより家で本や雑誌を読むことが、学校へ行くとき以外の生活の中心を占めていた。もちろん、学校へ行き先生に習い、同級生との付き合いから学ぶ世界は、生きている社会であり、そこで人と触れ合うことから生じる了解や、時には緊張は、生きていく上で必要な常識を作り出す。

一方、書籍や雑誌から得られるのは常識以外の知識であり、持っていてただちに役立つかどうかはわからない。けれども当時意識していたわけではないが、私にとって読書は、一種の探検に似た面白さに満ちた行為であった。たとえば、太陽系の惑星が「水・金・地・火・木・

土・天・海」と並んでいると書物を読んで知った時、惑星と恒星の区別を知り、また地球の周りを月が廻っていることを知って、日蝕はもう怖いものではなくなり、起こり得る天体現象であると理解できるようになった。

教科の勉強とは別に、とにかく本を読むのが一種の習慣となってしまった。父親が生涯、哲学の学徒だったこともあり、ねだれば本はたいてい買ってもらえたし、家には本がたくさん並んでいて、そのほとんどは難しい外国語の専門書だったが、中には何とか食いついてみようというものもあった。しかし、それらに手がでるようになったのは小学校高学年以降のことで、最初はわかりやすい地図とか年表や年鑑類を繰っていた。

†友人たちとの交流

同じ一組には、下山俊次《しゅんじ》君、増田正造君、泉晴一郎君たちがいた。この三人は、中産市民階級の家族に生まれたという点で一致していた。下山君とは、その後ずっと交流することになったが、増田君はいくばくもなく他校へ転じていった。先述のように、彼との交流が再開したのはごく最近で、本書執筆が縁となっている。

彼が「能」の評論家として活躍していることは、新聞の出版社広告欄にしばしばその著作が登場するので知った。彼の家に遊びに行くと、ちょっと他にはない雰囲気を感じたのだが、御父上もその道の方だったのだろうか。それに加えて永田君。彼はいわゆるガキ大将だったが、なぜかお互いに親しみが持て、私の家の子供部屋で、買ってもらった鉄道模型に夢中になって遊んだものである。菊池君も、家が近くの履物屋さんだったので一緒に下校した仲だが、十数年前に突然慶應大学の私の研究室に現れて驚かされた。現在は栃木県の方でお菓子屋を営んでいる由である。

「いじめ」もなかったわけではない。忘れられないのは、自分が一度だけ、いじめる側に入ってしまったことである。同じクラスにいたS君は、私以上に身体強壮から遠い外見の持ち主で、下校の時などにも皆から小突かれたり、ピカピカのランドセルにいたずらされたり、必ずと言っていいほどいじめられていた。しかし、彼は何をされてもぐっと堪えていた。

私は、そういうS君への「いじめ」はいけないことだと思い、ずっと手を出さずにいたのだが、ある日、私も手を出す一員となってしまった。するとS君は大声で泣き出したのである。こうなると、いじめた方もどうしてよいのかわからず、ただS君を取り囲んでいるだけだった。私が思うに、彼は「あいつ（つまり私）だけはいじめない」と思っていたのに、私までいじめに加わったので、ついに我慢の限界に達してしまったのであろう。私はあの時の自分を大きく恥じている。S君に謝りたいと思い続けている。

いいことばかりあったわけではない。書こうか書くまいか随分迷ったが、これもまぎれもなく自分の一面なので、この際、明らかにしておこう。ごく少数の方は知っておられるし、中には伝え聞いた方もおられるだろう。

†持病のこと

二年生になった六月（一九三七〔昭和一二〕年）、蒸し暑い日だったが、下校時に数人で歩いていた時のことである。突然、右手が握力を失い、同時に痙攣《けいれん》を始めた。持っていたものは落とすし、しゃべることもできなくなり、辛うじて立っているしかなかった。一緒にいた仲間たちもそれに気が付き、「どうしたの」と訊くのだが、答えようにもまず声が出せない。そして、なぜこうなったか自分でもわからない。痙攣は長くは続かず数分で回復し、また皆と歩き出した。誰も何も訊かなかったが、私にとっては大ショックである。

家に帰ってからそのことを両親に報告したが、「ああ、そうか」の一言で片付けられてしまった。その日はよかったのだが、二、三日後、今度は深夜睡眠中に発作が起こった。両親を起こしたが、今度も「悪い夢でもみたのだろう」とまともに取り合ってもらえず、こちらも何もわからないので、偶発的に起こる何かなのだろうくらいで済ましてしまった。

ところが痙攣は一向に収まらず、昼夜を問わず週に何回も起こるようになり、さすがに親も放っておけなくなり、学校を休ませて近くの医者や病院、はては鍼灸師《しんきゅうし》まで尋ね歩くことになる。そして最終的には、これは「てんかん」の一形態であり、治療は非常に難しいということを知るに至った。そして六月末には、とうとう本郷にある東大の附属病院に入院することになった。

大槻外科という病棟で、担当は清水健太郎医師である。現在のようにMRIやCT、PETのない時代で、当時はX線だけが身体内部を知る手段だった。脊椎から何か注入されたり、発作中の状態を映画に撮られたりしたことを覚えている。全身麻酔も何度かかけられ、重篤な病いにかかった病人のように、ただベッドに横になる日が続いた。

一〇日もするとやや落ち着いてきた。周囲を見ると入院した部屋は大部屋で、二〇人くらいの患者が、窓を頭側にして、両側に置かれたベッドに横たわっていた。一人私より年長の少年がいた。『少年少女譚海《たんかい》』という雑誌を読んでいて、私に貸してくれた。今まで読んだことのない探偵・探検ものだったが、初めての世界が新鮮だった。父親は「日露戦争史」に関する本を差し入れてくれたが、日頃から「明治」への思いが強かったからであろう。

入院して半月以上経た頃、私は退院することになった。自分では痙攣が治癒したからだと思っていたが、これは大間違いで、家に帰っても、頻度こそ減ったが発作は相変わらず起こり、結局夏休み恒例の父母の本籍地(三重県)行きは取りやめになってしまった。退院したのが、日中戦争が始まった七月七日を一〇日くらい過ぎた日だったのだが、家に戻る途中の東京の街がカーキ色っぽかった。動員された兵士たちが行進していたのかもしれない。

七月末だっただろうか、ある夜の発作は特に酷く、とうとう私は失神してしまったらしい。そのことに私は、すっかり落ち込んでしまった。後から聞いた話では、先の入院で痙攣が治ったわけではなく、頭部の切開手術をすることになったため、夏の暑い時期を避け秋に行うべく一時的な退院だった由である。その時は、もうこれで一生は終わるのかとさえ思った。とにかく、がっくりしてしまい、無気力で虚ろな夏を無為に過ごすことになった。後で聞いたことだが、このときの両親の落胆も非常に大きかった由である。

ところが、その大発作を機に、痙攣はピタリと治まってしまった。次にはっきりした形で発作や痙攣が現れるのは、実に約六〇年も経ってのことになる。なぜこういうことになるのか、私には全くわからない。

しばらく発作や痙攣がないので一安心したのだろうか、両親も明るく振る舞うようになった。確か父親は、折から来日したアメリカの学生水泳選手の試合を見に神宮外苑のプールに連れ出してくれた。アメリカの選手のなかでも、キーファ（背泳）とメデイカ（中距離自由形）という二人の名前はなぜか記憶している。一九三七（昭和一二）年八月一四〜一六日、神宮プールで開かれた日本選手権水泳大会に招かれたアメリカ選手は、上記二名の他、ヒギンス（平泳ぎ)、女子ロールス(自由形)の四人だった。

その時は、落ち込んだ私を元気づけるために、父が国際試合を含むこの夜の水泳大会に神宮外苑のプールに連れて行ってくれたのだと思う。私は、初めて観る電光のもとでの水泳試合の雰囲気に圧倒され、三時間余りを固唾《かたず》を呑んで過ごした。当時の『アサヒグラフ』では、陽気なメディカが、当時の日本の流行歌を「怒るのは、怒るのは、あったり前でしょう」と日本語で口ずさんでいる姿の写真が掲載されているはずである。

逆にキーファは端正な人物で、ぴしっと決まっているような感じだった。日本の選手も含め、四年後に始まった世界戦争において、彼らはどう行動したのだろうか。戦場で戦うことにならなかったのだろうか、気になるところである。

そんなこともあり、てんかんの発作と痙攣は、八月に入るといったんは消え失せてしまい、秋の開頭手術もせずに済んだ。その後一度だけ、時期は忘れたが、東大の清水先生に呼ばれて、お目にかかったことがある。発作・痙攣はすっかり治まっており、先生の質問は、入院中に行われたIQ検査のことだった。私はその頃、まともに勉強もせず、入学した慶應大学でも劣等生だったから、そのことをそのまま話すと、先生は「ふーん」と言っただけで会話は終わりになってしまった。小学校二年生の時のIQ検査高得点者は、もっとまともで高成績の学生に成長していることを期待されていたのであろう。

本格的な発作は、六〇歳を過ぎた頃から再度起こるようになった。一日に何回も起こるようになったり、しばらく鳴りを潜めたりを繰り返している。二〇一九年六月時点では、しばらくは静穏であったのが頻発するようになっていて、酷いときには一日に何回も発作が起き、生来楽天家の私も、さすがにこういう時には生きているのも嫌になる。

最近は痙攣を抑えてくれる薬も何種類かあって、それらを適宜処方してもらい、朝昼晩食後に飲み睡眠不足にならないように暮らしているのだが、湿気が高く発作が最も起こりやすい魔の六月には、それはやむを得ない。つい話す言葉や態度もつっけんどんになり、そのことは自分でもわかっているのだが、気分の発散として、どうにもならない。

もう一つの発見として、後頭部から首筋にかけてを熱気から守ってやらないと脳自体の温度が上がり、痙攣を起こしたり態度に出たりするのではないかと思うようになった。戦時中に南方戦線で行軍する兵士が、鉄兜の後ろから日除けの布を出して行進している姿を思い出す。それと共に、フィリピンで捕虜となった米軍の兵隊が、炎天下で何の日除けもなく長距離を強制的に歩かされたために死亡した「バターン死の行進」という事件があり、戦後、その責任者である日本の将校が戦時国際法違反の裁判で死刑になった例もある。

実際、脳が熱せられると、次に何をすればよいのかわからなくなったり、てんかんの発作が起きたりといった危険信号が出る。とすれば、てんかんと脳の働きの間には今まで論じられなかった何らかの関連があるのかもしれない。

人間は最も基本的な病気の治療を、知らず知らずのうちに、この後頭部の冷却から行っているではないか。熱が出たら氷枕や氷嚢《ひょうのう》で頭部を冷やすのが基本である。なぜか深く考えるでもなく行うこの行為は、奇しくも最も大切なヒトの生命を守る第一の手段なのかもしれない。熱せられた頭部をそのままにしておくと異常な容態が起こったりするのではないか。私個人としても、このところの身体的精神的不安、また歩行能力の減退の原因は、どうもこのことにあるのではないかと思った。これからは気を付けて、後頭部を温度上昇から守ろうと考えている。

てんかんの発作＝痙攣もその一つである。「てんかん」にはいくつも種類があり、意識不明となって卒倒してしまう真性てんかんから、瞬間的に身体のどこかが動かなくなる場合まで入れると、日本人の一〇〇人に一人はてんかんの持ち主だといわれている。私の場合は中程度であり、決して少なくない方が同様の悩みを抱えているはずである。むしろ私は、まだ軽い方なのだろう。自動車免許証は返納したし、幸いにも発作がもとで人様に危害を与える事態は全くない。

発作には予兆があるので、それがある場合は外出をやめ、自宅で静かにして発作がやって来るのを待つことにしていた。そのため約束を守れなかったり、遅刻したりしたこともあったが、どうかお許しいただきたい。どういう場合に予兆が多く出るのか、挙げてみよう。

①季節——六月が多く、前後に富士山型の分布をしている。湿気と高温が続くとよく出る。気圧などの自然条件に影響されるのかもしれない。今年（二〇一九年）のように猛暑が早く来る気候はよくない。逆に一一月頃はめったに起こらないが、湿度だけではなく、気圧とか湿度、総じて気候の影響がある。

②睡眠不足——五時間以上睡眠をとらないとてきめんに出る。普段の生活では調整ができるのだが、困るのは時差で、飛行機に乗り、特に東に向かって長距離を飛ぶとき、いわば時刻が詰まってしまうので、機内で眠り薬を飲み、食事時であろうと毛布をかぶって寝てしまうことが多かった。

③心理的に不愉快な時——たとえば、病院でてんかんの診察を受けるのに長時間待たされるような時、神経内科の診察室の前の椅子でイライラするのか、待っている時に発作を何度か起こしてしまった。

④腰を大きく急にひねったり、不自然な体勢をとった時——思うに上半身と下半身の血流がうまく流れず、脳に血液が行かない状態になるのではなかろうか。

⑤歳をとり、急に立ち上がったり、脳に血液が十分に行きわたらないような時。

大げさにいえば、以上がこの病気と八〇年付き合って見出した教訓である。この病気には、つけるクスリもないが、これは遺伝性というわけでもない。私の一族に、てんかん持ちは一人もいない。たぶん生まれる時か、ごく幼い時、頭蓋骨が固くなる前に何かにぶつけた脳の外傷が原因なのだろう。ナポレオン、アインシュタイン、それにドストエフスキーといった超有名人もてんかんだったと、何かの本で読んだ記憶がある。私はこれを、てんかん持ちの中にもそういう偉人がいるのだという心の拠りどころにしている。

鉄道マニアのその後

小学校二年生に戻ろう。二学期になって発作も治まり、毎日出席できるようになった。その後のことはよく思い出せない。まあ無事に三年生に進んだのだろう。家では妹が一九三七（昭和一二）年九月に生まれ、眞知子《まちこ》と名付けられた。

この年あたりまでは、生活に戦時色はまだ入ってきていなかったように思うが、子ども心にそう思っていただけなのかもしれない。何しろ中国大陸の戦線は広がり続け、大量の軍隊が送られていた。しかしこの自伝は、私の記憶や身辺の状況を中心とする「私史」なので、一般の「昭和史」は他書に譲りたい。

この年齢になると鉄道趣味が嵩じ、私は東海道線を走る列車を見に行くことに熱中した。一人で坂を下り、国道を渡ってしばらく歩くと、大木戸と称する江戸時代の江戸市中と市外とを区分する木戸の跡があった。ちょっとした石垣が積んであるだけだが、たぶん昔はそれに連なって関所があったのだろう。その一角が原っぱになっていた（本稿執筆中に、品川〜田町間に「高輪ゲートウェイ」という新駅が完成した）。そこから天井の低い通路があって（現在でも残っているると、先日新聞で読んだ）、たくさんの線路をくぐって向こう側に出られそうだった。かなり行ったところから上に這い上がってみたら、古い客車が留置されていた。

ともかく、その原っぱは行き交う列車を見るための一等席だった。私は「列車時刻表」を愛読書とし、東海道線の下り列車が来る時刻を覚えていった。日曜など、東京駅を八時一〇分に出る沼津行の快速列車から始まり、九時の特急「つばめ」神戸行、九時一五分の大阪行普通列車、一〇時三〇分の下関行急行列車、一〇時四五分の下関行普通列車など長距離行きの列車を見てようやく満足して、家に帰ったものである。

その間に短区間の列車、臨時列車や横須賀線の電車がメインの東海道線を走り、手前を京浜東北線と山手線が走っていた。列車が走っている間は、省線電車が来ないようにと祈った。東海道線は、東中野駅で見ていた中央線の列車と違い、電気機関車が大型で、客車も一両が大きい上に鉄鋼製で十数両繋いでいて、堂々と走っていた。電気機関車にもいろんな型があり、私の鉄道趣味を大いに掻き立ててくれた。中でも、最後尾に白帯の一等展望車を引きながら駆け抜けて行く特急「つばめ」はかっこいいなあ、いつかは乗ってみたいなと、憧れの対象となった。

電車を見る著者（1940年）

ところが、ある日から突然、東海道線の下り列車はそこを走らなくなってしまった。操車場の向こう、一番海に近いところに新線が敷かれ、品川駅のホームも新しく一番奥に作られ、横須賀線を含む下り列車はそちらを通るようになってしまったのである。さあ大変。せっかくの「つばめ」の姿が見られない。これでは日曜の楽しみがなくなる。そこで、東海道線下り列車が海岸寄りに移る前に走っていたところをたどると、札《ふだ》の辻の陸橋のたもと、今までに逆側から列車や電車を見るに適した場所であることがわかった。家からかなり距離はあるが、好きなものには替えられない。

親に言えば反対されるかもしれないので、黙って少し早目に家を出て札の辻へ行き、橋を渡って然るべき場所へ出た。なんと線路際まで道が付いている。一番手前は単線の貨物線で、当時は汐留駅まで貨物列車が入っていたから、そのための線路である。その向こうが東海道線の下り線で、視界を遮る省線電車は走っていない。

上り列車は少々見づらいけれども、貨物列車はめったに来ないから、お目当ての下り列車は、それまでより遥かに至近距離で確実に目の前を豪音とともに走るのを見ることができた。人通りの少ないところだったが、そんなことは意に介さず、ほとんど毎週通い続けることになる。小さなことだが、両親に秘密を持つことで、ひとつ子どもを離れた感じさえ持った。鉄道マニアも一つ成長したわけだ。

ということで、三年生になってもメンコやけん玉の世界とは無縁のまま、つまり大多数のクラスの同級生とは付き合わない状態が続いた。しかし、そのことから「さびしい」という気持ちには全くならなかった。下山君のように誕生日に行き来する友人もいたし、時々はクラスの仲間と三角ベースの野球で、右翼手（一番へたくそな者の指定ポジション）を守った。全く偶然にショートバウンドのボールが捕れて、拍手を受けたことを覚えている。

†戦争の始まり

一九三八（昭和一三）年一〇月には、ヒットラー・ユーゲント数十人が高輪台小学校を訪れた。二人でも歩けば歩調が自然に揃うと言われるドイツの青少年が、実にスマートな行進を見せ、素直に感心した。国際政治やナチスのことを理解するには、まだ何年かが必要であった。

なぜ高輪台が選ばれたのだろうか？　たぶん校舎が東京で最も新しく、運動場が広く、さらに都心に近かったからであろう。北原白秋作詞、高階哲夫《たかしなてつお》作曲の「万歳ヒットラー・ユーゲント」を全員で歌って迎えたことを覚えている。八〇年前のことだが、もし彼らのうちの誰かが生存しているとしたら、今九五〜一〇〇歳のはずである。彼らは日本に来て東京の小学校で行進したことを覚えているだろうか。

日本もドイツも、ともに戦争をしかけて敗北して長い「戦後」を経験した。しかし現在、二つの国は問題を全く持たないわけではないが、経済的にはむしろ繁栄する国となり、この八〇年間の歴史は激動の時代であった。誰も予測できなかった経過と結果である。

一九三九(昭和一四)年になって最初に出くわした大きな「出来事」は、大相撲で六九連勝を続けていた双葉山が安芸ノ海《あきのうみ》に敗れ、続いて他力士にも敗れ三連敗を喫したことである。特に彼をひいきにしていたわけではないが、相変わらず担任が決まらず、臨時で担任の役を勤められた先生が、そのことをクラスの生徒の前で大喜びで話して聞かせるのに対し、その種のことを教室で授業の時間に先生が大喜びで話していいのかなと思った。これが教壇に立つ先生の言葉に疑問を持った最初の経験である。

間もなく担任の先生が決まったが、山口県出身の吉村重喜先生だった。戦後、ご出身の防府《ほうふ》市三田尻《みたじり》で高校の教員を勤めておられた頃に一度お訪ねした。日本史を担当され、確か街道の並木についての論文も発表されていたのだが、私の方が散々お世話になったにもかかわらず上座に通されてしまい、困ったことを思い出す。

四年生になり、一九三九（昭和一四）年も進んでくると小学生の身にも、これは尋常なことではないとわかる出来事や制度改革が次々生じた。国内では前年に成立した「国家総動員法」のもと、国民が国家の目標に向かって一丸となっていくように思った。

そして九月早々、遂にドイツ軍はポーランド国境を越え、英国・フランスが宣戦布告、第一次世界大戦で苦しんだヨーロッパは、わずか二〇年で再び砲火にさらされることになり、近代兵器で武装したヨーロッパ各国は、大量殺戮、文字通り血みどろの戦いを始めるのである。日本の対中国戦争を加えれば、この時点で、アメリカ以外の世界主要国が戦争状態になったわけで、父は大変なことになったと嘆いていた。

†父と家庭

ここでしばらく当時の私の家のことを思い起こしておきたい。この年の七月、二番目の妹の佐恵子《さえこ》が生まれ、広い我が家も一段と賑やかになった。父親は仕事に励み、この年、岩波書店から『哲学年表』という当時は類書のなかった著作を刊行している。実は、私もその索引作りを手伝うことになった。人名を大部分はカタカナで記したカードに、最終ゲラ刷りに出現するページを書き入れる仕事である。お陰でアルファベットを覚え、すべてではないが、ギリシャ

父・敬二と（1939年）

の哲学者から始まり、世界の哲学者や哲学以外でも人文・社会系のみならず、理科系の主要な学者の名前と業績刊行の年代を書き記すことになった。

人間はこんなにも多くの仕事をして来たのか、と文化の奥深さに感嘆した。成人してから歴史に関心を持つようになったのも、いくばくかはこの経験から来ているのかもしれない。

一方、父親は自ら主催し、よく碁会をしたり、酒を飲み、肉をつつきながら談論風発《だんろんふうはつ》していた。来客で覚えているのは、出版社関係では、岩波書店の小林《こばやし》勇《いさむ》氏、小山書店の小《お》山久二《やまひさじ》郎《ろう》氏、義弟で同じ西田哲学門下の三木清氏、絵描きの柳瀬《やなせ》正夢《まさむ》氏、それに翻訳仲間の山本光雄《やまもとみつお》、高桑純夫《たかくわすみお》両氏といった方々である。

母の作った料理をつつきながら、こういった方々と気《き》炎《えん》を上げるのは、父にとって至福の時で、時局に流されるどころか、今考えるとむしろ反体制的面々と時勢を批判する時の声の方が大きかった。みんな水を得た魚のように、元気よく放談していた。ただし、三木清氏が来たときは「三木が来ると、肉が赤い内に皆食べられてしまい、俺の食う肉がないんだ」とこぼしていたけれども。

父にとっては、そういう場を提供し、次第に軍国主義へと向かう時局のなかで、自分を含めて自由にものが言える時空間を持てる、そうした会を開くことが至上の喜びだったのだろう。飲食・団欒《だんらん》の座敷は二階の和室で、そこから東京湾越しに房総の山並みが見えたため、父はその部屋を「望洋亭」と呼んでいた。

もう一人、この方は私の不定期の家庭教師でもあったが、母親の実家近くの紀州熊野出身で、東京に出て苦学し、夜学で小学校の教員資格を取り、教員となって教えていた山下幹夫さんがよくやって来た。家に来ると紀州の方言まる出しでしゃべられたので、来やすかったのだろう。「サイタ　サイタ」の逆読みもこの先生から習ったのである。さらに、私を連れ出して新宿に行き、確か武蔵野館で映画「愛染《あいぜん》かつら」を観たのもこの頃だったと思う。あの映画は、時局の動きとは関係ない男女間の恋愛を謳ったものなので大人気になった。もちろん小学生にはまだわからない世界だったけれども。

その頃、家では写真週刊誌『アサヒグラフ』を購読していたが、そこに出てくる写真もさることながら、最終ページに掲載されていた一ページ・コミックの「おやぢ教育」が面白く、そこに登場する夫人のマギーや娘だけでなく、アイルランド生まれのジグスがニューヨークで好んで食べるコンビーフ・キャベツとはどういう味がするものなのか知りたくなったりした。

三十余年後、畏友のトビ君がコンビーフを食べに連れて行ってくれたが、コンビーフというと当時の日本ではもっぱら缶詰めだったので、そういうものかと思っていたら全く異なり、労働者向けの食肉で、レストランで食べるものではなかった。もちろんこの漫画は『アサヒグラフ』から消えてしまった。

また、はっきりした年代は忘れてしまったが、東京港が開発され、大型汽船が接岸できるようになった。家から遠くない竹芝桟橋に「あるぜんちな丸」が横付けされ、何日間かその内部を開放してくれた。この船は一万二七五〇トンある大阪商船南米航路の船で、同居していた叔父の速水勉氏（当時、慶應義塾大学法学部政治学科の学生だった）と行った。乗るのは初めてだったので興奮した。もう一回、今度は日本郵船の船を見に行ったのだが、その名が思い出せない。いずれにしても大型船は太平洋戦争で徴用され、ほとんどすべて海底に眠ることになる。

†「戦前」の終わり

しかし、そのあたりが「戦前」の最後で、一九三九（昭和一四）年五月から九月にかけて満州と蒙古《もうこ》の国境をめぐって起こった「ノモンハン事件」では、陸上戦力においてソ連軍が日本軍より遥かに強力であることがわかりながら、そのことは国民に全く知らされずに終わった。

また、この事件の軍事的指導や政治的処理について、日本国内の陸軍省、参謀本部、関東軍間の意思疎通も一本化されず、関東軍が参謀本部の許可なく国境を越えて、蒙古領の飛行場空爆さえ行い、その戦果を強調までする始末であった。また状況の報告を受けた天皇陛下が、そうした国境を越えての攻撃に激怒されたことは記録に値する。

ヨーロッパでのナチスドイツの政治行動に関しては、一九三九年八月二八日、ドイツとソ連の間の不可侵条約締結に対し、時の首相平沼騏一郎《ひらぬまきいちろう》は、「欧州の天地は複雑怪奇」という一言を残して総辞職してしまった。そして当のドイツは九月一日にポーランドへ侵入し、英・仏の宣戦布告により、先の世界大戦後わずか二〇年でヨーロッパは再び戦乱に巻き込まれる。

ソ連も続いてポーランドに攻め込み、アジアにおける日中戦争を加えれば、アメリカを除く全ての主要国が、殺傷力の強い、しかも陸上のみならず空や海も戦場となる新兵器によって、非戦闘員も含む大量の人員殺戮が可能になった兵器を揃え、殺し合いを始めたのである。新聞や雑誌の論調もそれを反映して、戦争関連の報道が紙面を飾るようになっていった。

私たち小学生にとっても戦争は次第に身近なものになってくるが、忘れられないのは、一九三九年末に発せられた「創氏改名」の法律である。この問題については、現在なお日韓間で大きな問題となっているので、言葉に注意しなくてはならない。それまで、生まれた朝鮮半島における姓名をそのまま漢字で表し、日本語読みしていたものを、日本固有の姓と名前に替えよという命令がくだされ、少なくとも私たちにとっては唐突だった。それだけに、当事者たちは対応に大変だったと思う。私たちがもしそのような命令を受けたらどうするかを考えてみればすぐわかる。

私たちのクラスにも、盧君という該当者が一人いた。皆からきわどいあだ名で呼ばれていた。正月明けだったと思うが、彼は新しく「T」という日本人の名前で顔を出した。みんな何と呼んでいいかわからず、担任の先生からも一言の説明もなかった。私は「T君」と呼んだが、本人にしてみれば、それまで呼ばれていたきわどいあだ名を続けてほしかったかもしれない。

なお、後の彼を知る某氏によると、戦後彼は日本の大学を卒業し、韓国へ帰って企業を起こし成功した由である。事実だとすれば喜ぶべき話だ。差別に苦しみながらもそれに耐え、実力を身に付けて成功するのは生易しいことではない。同君の努力と忍耐の結果である。

第3章 中学生時代

†中学受験

一九四〇（昭和一五）年は、和暦二六〇〇年にあたり、そのため官製のお祭りが多かった。もともと、この年は東京でオリンピックが開催される予定であった。現在の世田谷区駒沢公園のスポーツ施設は、一九六四（昭和三九）年の東京オリンピックに際して建設が計画されたものが多いが、神宮外苑とともに一九四〇年東京オリンピックに備えて他にもいくつかの施設が建設されている。

戸田のボートレース場もその一つである。しかし、この一九四〇年東京オリンピックは、日本の対中国関係悪化、ヨーロッパにおける政治的不安定により日本から実行の辞退が申し出され、第二候補のヘルシンキも一九三九（昭和一四）年の第二次世界大戦勃発のため、結局開かれずに終わってしまう。東京オリンピックもヘルシンキオリンピックも、戦後に持ち越されることになった。

さすがに現在、年代を日本の皇紀《こうき》で呼ぶ者はいないが、当時は年代を皇紀で呼ぶのがむしろ正統で、一九四〇年は「紀元は二六〇〇年」と国民は歌って（正確には歌わされて）、『古事記』や『日本書紀』に書かれている「建国」が、実証を欠いた歴史学によって無批判的な「事実」であったかのように喧伝され、「八紘一宇《はっこういちう》」というようなヤマト朝廷中心世界史観が各レベルの学校で教えられる状態だった。到底生存し得ないような百数十歳の天皇や宿禰《すくね》が実在したかのごとく扱われ、疑問を持ったとしても誰も答えてくれなかった。

もっとも、神話と史実の連続は日本だけではなく、たとえばキリスト教ゲルマン民族にもみられる。トゥールのグレゴリウスによる『フランク史——一〇巻の歴史』は、その例の一つである。したがって、神話を「歴史」と繋げて考えるのは「日本固有」というわけではない。世界中どこでも、国や民族の発端は曖昧模糊《あいまいもこ》としたものである。

そういうことをわきまえた上で、伝承上の人物を、あたかも実際に存在したとすることはできないのである。西暦二〇〇〇（平成一二）年に、国家が何かお祭りをしただろうか。祝祭は、あくまで教会内の行事として行われた。日本の皇紀二六〇〇年の国を挙げてのお祭り騒ぎとは、全く次元が異なることを知るべきである。

そういう中で、私をめぐってある事柄が進行していた。何かというと、親や担当の先生が、私を小学校五年で修了させ、中学へ進学させようとする算段である。もちろん私自身も知ってのことだし、当時そのような制度が存在していたので、合法的な行動ではあった。しかし特別なことでもあるので、何人かの方々と会ってそのことを相談し、私自身もついて行くこともあった。結局私は最終的には納得したけれども、自分の意志というより周囲の方々の強い勧めで、翌年二月頃、小学校の卒業認定試験なるものを受け、それに合格すれば、中学校の入学試験を受けることになった。

進学にあたってどこを受けるか、また延々と相談が続いたが、旧制高等学校とつながる東京高校や府立高校の中等部と府立一中が最後まで残り、最難関の府立一中（すぐ都立一中になり、現在は日比谷高校となっている）をダメモトで受けることになった。今になって考えると、なんて無茶なことをしたのだろうと思うのだが、親や担任の先生が一生懸命になっているのに、ノーとは言えなかった。

結局府立一中の入学試験にも合格し、いわゆる「飛び級」をすることになる。この制度はなぜかその年をもって最後となり、以後はなくなっているから、当時流行の言葉を借りれば、「最終のバスに飛び乗った」格好になった。

†府立一中には入ったが……

入学した府立一中は、赤坂見附《あかさかみつけ》近くの高台にあり、芝高輪から通うのに、最初の頃は市内電

飛び級で東京府立一中に入学（1941 年）

車で通学した。家から近い泉岳寺前の停留所から一系統の浅草行きに乗り、二つ目の札の辻で三二系統の飯田橋行の小さな電車に乗り換え、山王《さんのう》下《した》で降り、日枝《ひえ》神社の鳥居をくぐって表門から入っていたと記憶する。この小さいチンチン電車は、前後の運転台が吹きさらしで、車掌が身を乗り出してポールを電力の来る配線に合わせるという古典的タイプである。

しかし、鉄道好きの私は市内電車では満足できず、二年生からは品川駅まで歩き、新橋駅まで列車か横須賀線の電車に一駅乗り、新橋で地下鉄に乗り換え、赤坂見附で降り、遅《ち》刻坂《こくざか》と愛称されている「幸楽《こうらく》」横の急坂を上り、裏門から入るコースをとるようになった。

府立一中に入学したものの、そこは「一中〜一高〜東大」というエリートコースの進学路であるのを示すように、生徒たちはやはり秀才揃いだった。ことに、番町《ばんちょう》、青南《せいなん》、白金《しろかね》といった有名小学校卒業者が何人もいて、揃って成績優秀だった。ここでは五〇人一組五クラスだから一学年は二五〇人である。クラスは毎年生徒の構成が替わり、各科目の成績は優秀な順に、一等、二等〜五等と評価が付けられ、六等が付けば落第である。成績表には、クラス内と学年全体での成績順位が記入された。

一年の担任は、「エッチ」とあだ名で呼ばれていた尾畑先生で、博物を担当されていた。前年までは、制服は紺色のサージに赤色の鞄と、なかなかしゃれた服装だったが、我々は、スフの国民服、戦闘帽、肩にかける太い糸（紙を撚ったものか？）だった。一九四一（昭和一六）年には、もう繊維も貴重品となっていた。

入学した一年の一学期は、周囲に負けまいと懸命に勉強し、そこそこの成績をとることができた。英語と数学が一等、国語・漢文が二等、あとが三等だったと記憶する。しかし、クラス内の成績順位は三〇位くらい、学年全体では一五〇位くらいで、真ん中より少し下に位置していたことになる。これには愕然《がくぜん》とした。成績表を手渡しする尾畑先生も、英数国漢の下の部分（理科や歴史・地理・音楽・体操などがオール三等だったので）を指さし、「この辺をしっかり頑張れよな」と言って励ましてくれた。

しかし小学校での成績が、いわばダントツだった私にとって、そのショックは大きかった。

情けないと今になって思うのだが、すっかり自信を失ってしまった。逆境にもろいのである。「あれだけ勉強したのに、こんな成績・順位しか取れないのか」と自分の能力に対する自信にひびが入ってしまった。これはその後、卒業まで続くことになる。

学年末の、つまり一年生の総合成績では一等が姿を消し、クラス内三五位、学年では一六〇番あたりとなり、以後そこいらが指定席となってしまう。やはり飛び級などするものではないと後悔した。特にいけないのは、この年齢での一年の差は、知識や学力ばかりではなく体力にも及んでいることである。

入学した生徒は「武道」の科目に「剣道」か「柔道」を選ばなくてはならなかった。私は「柔道」を選んだが、その理由は簡単で、不器用な私は紐を結ぶことが多い「剣道」より、それが少ない「柔道」の方がいいや、と単純に思ったからである。ところが、背の高さ、体重、体力において、明らかに一年の差は大きく、生来のノロマであるのも手伝い、柔道の取り組みでも相手に勝った覚えは一つもない。よくても、たまに「引き分け」であり、武道の時間は苦痛でしかなかった。

当時、「ガッツキ」(ガツガツ勉強する者)、「消耗する」(元気をなくす)といった言葉がよく使われていたが、私は早くも「消耗し」、さりとて「ガッツキ」になる気はさらさらなく、クラスの中で全く目立たない存在となってしまった。

一年生の終わりには成績表から一等が消え、ついで二年生の終わりには二等もわずかしかなく、替わって四等が増え、三年生になると突然教科書が変わった「物理」についていけなくなり、友人に頼んで説明してもらう始末となった。親切に教えてくれたのは、阿部信彦君である。彼とは大学卒業後も、彼の突然の他界まで友人として付き合い続けたが、なぜか借りを返し終えずに永遠の別れをした感じがする。

†学問への光明

そういう中で、たぶん三年生になってからだったかと思うが、「地理」の科目で、夏休みの宿題として一枚の図表を提出することがあった。それは、ある年鑑に掲載されていた日本の各都市の人口を大きい順に並べた縦棒グラフで、作成に時間をかけたわけでもなく、特に意味のあるものとは思わなかった。ところが、その図に対し、担当の先生はなんと三重丸を付けて返してくれた。

現在、私が専門とする「歴史人口学」では、このような都市人口の順位別分布が非線型の対数曲線を描くのは「都市制度が成熟している」ことを意味し、そうでない場合は「都市制度が未熟」であるとされている（Smith, 1990）。当時の一中の地理の科目担当は、戦場から教壇に戻られた岩永先生だった。先生がなぜ三重丸を付けてくださったのか、知る由もないが、このような現在の学説を先読みされていたのだろうか。「消耗」していた私にとっては唯一の光明《こうみよう》であり、また後年の道を予見するものだったのかもしれない。その後再び戦場に出て行かれた岩永先生に心から感謝している。

総じて、一中時代のどの先生から受けた指導・感動が大きかったかといえば、もちろん英語は戦争中も戦前通り続けられたし、数学もそれなりに教えられたが、漢文は、詩文がいまだに口をついて出てくることを考えると、自分の気質に適合したものもあったのだろう。

しかし、人間としてかくあるべしという姿勢を教えられたのは、音楽の梁田貞《やなだただし》先生である。音楽それ自体もさることながら、ある日、渋谷かどこかの駅前に集合し、多摩川まで行軍する教練の時間が予定されていた。ところが、その日は朝から小雨模様で、行軍できるかどうかわからない天候だった。それでも、先生や生徒の多くは指定の場所に、指定の時刻に集合した。にもかかわらず、任に当たる配属将校が来ない。一時間近く待ったが来ないのである。その時、最も大きく怒り声を発されたのは、誰あろう音楽の梁田先生だった。「中止なら中止と伝えに来るべきだ。それを怠るとは何事だ!」と大声で叫び、集まった教師も生徒も喝采を挙げた。

軍人を非難するのは時節柄かなり勇気のいることで、皆口に出したくても言えなかったのを、梁田先生が大声で皆の意志を発して下さったのである。戦時中でも、こういう方がいるのだということを知り、どちらかといえばリベラルな家庭に育った私は嬉しかったし、梁田先生を尊敬するようになった。奇しくも、先生の墓廟は、私の家の墓地と同じく小平墓地にある。私はあまり墓参りをしない親不孝者だが、たまに行くと「城ヶ島の雨」の譜の一部が彫り込んである梁田先生の墓廟にも一礼することにしている。

そういうこともあったが、もう好成績をとることを諦めた私は、それなら、というので、家にあった父親の蔵書から理解できそうな図書——岩波文庫で文学書が多かった——を引っ張り出し、もっぱらそれを読んでいた。学校の勉強は落第しない程度にはしたが、自分の中では優先順位が低かったので身に付かないままである。これは悪癖ともいうべきで、今でも研究者として、何かディシプリンを必要とする分野は苦手であり、それが私の弱点となっている。

では、その頃にはどんな本を読んだのか？　最も心に残るのは、トルストイの『戦争と平和』である。岩波文庫で全八冊の小説を読み切るのには月単位の時間を要したが、折から戦争中という状況の中で、ロシア貴族社会という、当時の私の置かれた状況からは遠い場所を舞台とする文学でありながら、どこか共通するような人間のありようを追って夢中になったものだ。その後も、試験となると、試験勉強をするよりも無性に『戦争と平和』を読みたくなり、そのページをめくるともう試験勉強はヤル気がしなくなり、出たとこ勝負になってしまうのである。

もう一つ、クラシック音楽との出会いもあった。それも父親が京都時代に求めたレコードを聴いたことから来る。何十年も前に作られた重いドイツ・グラモフォンやポリドールの輸入盤で、ベートーヴェンが中心だったが、交響曲は第三番「英雄」と、交響曲第九番「合唱付き」、ピアノ・ソナタ第二三番「熱情」、同じくソナタ作品一〇一、ピアノ協奏曲第一番などがあり、重い盤を何回も取り替えながら蓄音器のバネを回した。家の傍にレコード針を作っている工場主の方が住んでいたので、取り換え針を困難なく入手できたのは幸いだった。レコードの方は、当時の小遣いでは到底求められないので、二年生の最終授業で、「英雄」交響曲、「熱情」ソナタなど聴きながら梁田先生が「皆さんは、そのうち音楽がいかに大事なものかわかりますよ」と語られたことを思い出す。

†太平洋戦争始まる

話は前後するが、一年生の年の一二月八日、いつものように学校へ行ったら、どうも様子がいつもと違う。何があったのか聞くと、「お前、知らないの、アメリカと戦争になったんだぞ」という答え。我が家では、朝ニュースを聞く習慣がないので全く知らずに家を出て学校まで来てしまったのだ。

私は、アメリカの強大さについて、そこに留学し旅行もした伯父(東畑精一)から聞いていたので、アメリカと戦争など起こるものかと思っていた。それだけにすぐにでも空襲があるのではないかという恐怖がまず身を包んだ。事実としては、真珠湾攻撃が国際法を破って宣戦布国以前に行われ、奇襲となった。戦果はあったにせよ、アメリカに道義上この戦争における日本の不法性を唱える立場を与えることになっていたのだ。フィリピンの航空基地に置かれていたアメリカの爆撃機も、台湾から発進した日本の攻撃機によって無抵抗の状態で全滅し、日本を爆撃するどころではなかったのだが。それは戦後になって初めて知らされたことである。

戦争になったからといって、直ちに生活が大きく変わったわけではなかった。東条英機《とうじょうひでき》の甲高い声がラジオから流れる時間が多くなったけれども、府立一中では英語の授業も予定通り続けられたし、軍事教練も特に強化されたわけではなかった。

緒戦の半年は、日本の軍事的勝利が南方戦線で続き、街は沸いていた。香港、シンガポール、ジャカルタといったアジアの拠点都市が次々に日本軍の手に帰し、勝ち戦さが続いた。真珠湾攻撃は奇襲だったが、マレー沖における英国東洋艦隊主力艦二隻の撃沈は、宣戦布告後の出来事で、英国首相チャーチルを深く嘆かせることになる（Churchill, 1983）。

二隻の戦艦を中心とする艦隊は、一二月二日にシンガポールに到着したが、マニラを基地とするアメリカ海軍との打ち合わせなどがあり、マレー半島近くの作戦準備がほとんどされないうちに日本軍との実戦が始まり、特に空軍との協力について練習もできずに戦争が始まってしまったことが大きなハンディキャップとなる。英国の指揮官フィリップス提督は、本国でチャーチル首相に別れを告げて出発後いくばくもなく、シンガポールで艦隊の指揮をとることになったものの、地上軍や空軍と組んで十分に訓練する暇もなく、戦闘状態に入ってしまった。

したがって、日本海軍の航空隊が艦隊を襲ったとき、英国空軍は一機だに応援に来ることはできなかった。かくして新造の戦艦プリンス・オヴ・ウェールズは僚艦の巡洋戦艦レパルスとともに撃沈され、英国東洋艦隊は戦わずしてその主力を失ってしまった。ハワイにおける奇襲攻撃といい、マレー沖の戦いといい、日本軍の勝利は一方的といっていいほどで、国中が沸いていた。

確かに、戦争相手の主要軍事目標を破壊し、攻撃力を一〇〇パーセント近く残せたことは、日本にとってはこの上ない幸運だった。だが、この二つの軍事的勝利は戦争のごくはじめの局面でのことであり、長期戦となった場合どうなるかは別問題である。今までのような奇襲や敵のミスでなく、これからは本格的な戦争なのであり、浮かれている場合ではなかった。

それにしても、はじめの半年の間に、マニラ、シンガポール、ジャカルタといった南アジアの諸都市が日本軍の征するところとなり、南方がこれほど早く軍事的に陥落するとは誰も予想できなかったし、南洋群島からその外側の南太平洋の島々も勢力範囲とし、最初の半年は大きな抵抗もなく進んだ。それまで誰も知らなかった赤道を越えたソロモン群島のラバウルに日本軍の基地が設けられ、歌にもなるほどその名を広めた。

しかし、南方からの資源が直ちに日本に運ばれ、利用されるようになったわけではない。資源の生産・輸送には、規格や基準を定める必要があるだろうし、長距離の輸送に対しては、潜水艦による攻撃もあり得る。それらに備えるには相当の時間が必要である。この戦争において、戦線の拡大があまりに速く、十分な「その後」の準備が追い付かず、そのうちに日本の軍事的優位が逆転し、南方の資源を十分活かすこともできないうちに敗戦となったといえないだろうか。

また、軍事力自体も、陸軍では、精鋭をいったん満州で訓練してから南方に出した結果、内地には精鋭な兵力が少数しか残らず、「内地決戦」を叫ぶ頃には、精鋭部隊不在か、存在しても少数にとどまるという有り様になった。海軍に至っては、敵国に暗号を解読されていたことから、半年後の一九四二(昭和一七)年六月のミッドウェー海戦で、精鋭空母四隻を一挙に失い、長年月の訓練の結果である優秀なパイロット約百人が藻屑《もくず》と消えてしまった。その代わりとして新造した制式空母も、横須賀から呉《くれ》への回航途中で潜水艦に沈められたり、戦闘に参加したものの、最初の戦闘で撃沈されたり、パイロットの技量不足で、母艦の甲板に着艦さえできずに終わるという始末で、崩れる方も早かったのである。

つまり、航空母艦を軸とする日本の軍事的優勢ははじめの半年だけで、あとはじりじり後退が続き、そして一九四四(昭和一九)年のマリアナ海戦において一挙に壊滅し、東条内閣の総辞職にまで及んだほどであった。やはり総合的国力における劣勢は蔽うべくもなかったと言えよう。結局は、片方では原子爆弾、他方では人間の乗った航空機の体当たり、つまり「神風《かみかぜ》」との差になるのである。

戦闘の様相に深入りすることは類書に譲りたい。日本の工業力と、アメリカの工業力を考えるなら、そもそもこの戦争に勝利できるはずのないことは、現在の私たちからすれば当たり前のことである。日本軍がアメリカに上陸し、ワシントンに日の丸の旗を立てることを真面目に考える人が軍部や政府指導者にいたのだろうか。一九四一（昭和一六）年の日本は、どこか狂っている人たちによって引きずられていた、としか言いようがない。

†戦争が進んで

戦争は、当時の中学生にどのような影響を与えたのだろうか。ごく少数の者は一中を退学し、いわゆる「霞ヶ浦《かすみがうら》」の予科練に入った。学校としても、そこへ見学に行ったり、富士の裾野で教練を実施したりすることはあった。また先輩で軍人になり、たまたま休暇で東京に帰っている海軍の将校を呼んで、戦争の第一線の状況について生徒全員が講話を聴く会もあった。さらに、「一中〜一高〜東大〜大蔵省」とエリート街道を歩いた典型であり、終戦の際、内閣書記官長を務めた迫水久常《さこみずひさつね》氏の講話も聞いた覚えもある。

また、東京の西の方にある工場を見学に行った帰り、私を含む一〇人ばかりの生徒が、飛行機見たさのため、軍の飛行場を囲む塀によじのぼり、あれが「鍾馗《しょうき》」だとかしゃべっていたら、「何をしてる！」と軍服の警備兵たちにつかまり、氏名と所属、住所などを書かされたことがあった。中には軍の学校に進学が決まっていた者もいて、皆で心配した。結局、その後のお咎《とが》めはなかったものの、東京を守る戦闘機の所在を知ることになる。そこが現在の調布飛行場である。

確か一九四三（昭和一八）年七月だったが、三国同盟を結んだ日独伊のうち、イタリアで政変が起こり、ムッソリーニに替わってバドリオ政権が成立した頃のことである。その直前に、私たちの学年は富士の裾野の演習場へ行き、何泊かして実地訓練を行った。実際には、子どもの頃流行っていた「戦争ごっこ」に近かったが、前日に初めて鉄砲（三八式の擬銃）を家に持ち帰り、翌日早朝、東京駅発五時二五分の一番列車（大阪行き）の最後尾二両に乗って国府津《こうづ》まで、乗り換えて御殿場線まで行った。

こういう機会はなかったので、大いにはしゃいで教官から叱られながら行ったのだが、話題の一つとして、私たちが東京に帰る頃にはローマが陥落しているかどうかと発言したのだが、そのボックス席の皆は狐につままれたような顔で、どうやら何の関心もない様子だった。

演習場では空砲三発をわたされ、クラスの級長は小隊長としてサーベルを下げることになった。兵舎が私たちの宿営地となり、そこに何泊かした。演習の最後に、敵のトーチカに見立てた小高い丘に突撃するのだが、小隊長同士がサーベルでチャンバラを始めたり、三発の空砲の音がとんでもないタイミングでパチパチ鳴ったりで全く統制がとれず、配属将校たちも、もう諦めた様子だった。それでも私たちの小隊は何とか「へ」の字を造って突貫《とっかん》し、敵陣を占領するところまでやった。日ごろは何か押さえつけられていたのをひっくり返すような気持ちになっていた。結局、いたずら盛りの腕白小僧《わんぱくこぞう》たちを満足させて帰路に就いたが、間もなくローマが落ちるどころか、イタリア自身が三国同盟から脱落していた。

ラジオ放送は、軍艦マーチで勇ましく勝利を伝えていたが、実際には戦線はじりじりと後退する状況にあり、そのことは「転進」と称されたが、もう「前進」ではなくなっていた。

転機となったのは、一九四二(昭和一七)年六月五〜七日のミッドウェー海戦の敗北である。日本側は海軍戦力の中心である航空母艦を四隻失い、相手の航空母艦は一隻撃沈に終わる大敗を喫した。これより緒戦の戦力が一挙に覆り、艦艇のみならず、艦載機すべて(二九〇機)、訓練されたパイロット約一〇〇人も戻ることができなかった。世界の海戦史上初めての航空母艦を中心とする海戦は、一方的といってよいほどの敗北であった。しかし当局は、この事実を国民にはひた隠しに隠した。ミッドウェー作戦から内地に帰国した兵たちは、一般社会と遮断され、隔離された場所で暮らしたといわれている。

†『木戸幸一日記』と戦争

ここでは『木戸幸一日記《きどこういち》』により、当時の日本の最上層部の人々が、このような状況をどのように受けとめ、行動したかを一瞥することにしよう。この時の木戸は、昭和天皇の信任厚く、内大臣《ないだいじん》という天皇輔弼《てんのうほひつ》に最も有力な位置にあった。一九四一(昭和一六)年一〇月の東条を首相とする内閣の成立も、木戸の推挙がなければできなかっただろうといわれている。これから読む『木戸幸一日記』はそのような人物によって書かれたものだということを知った上で読む必要がある。

「ミッドウェー」という言葉が最初に日記に登場するのは、海戦翌日の一九四二(昭和一七)年六月六日(土曜)の記録(下巻九六六頁)である。「一時、鮫島武官来室、ミッドウェー島附近にて日米両艦隊の間に海戦あり、今回は不幸にして我航空戦隊大損害を受けたる旨の話あり。武官長も来室、同様の話を聴く。」というのが第一報である。以後この記録を『木戸』①と呼ぶことにする。

『木戸』②は翌々六月八日(月)で、この日は、「御召」により、木戸は一〇時四〇分、天皇に拝謁《はいえつ》、「ミッドウェー附近海戦につき御話あり。航空戦隊の蒙《こうむ》りたる損害誠に甚大《じんだい》にて、宸《しん》襟《きん》を悩まさせられたるはもとよりのことと拝察《はいさつ》せるところなるところ、天顔《てんがん》を拝するに神色自《しんしょくじ》若《じやく》として御挙措平日と少しも異らせ給はず。今回の損害は誠に残念であるが、軍令部総長には之《これ》により士気の沮喪《そそう》を来さゞる様に注意せよ、尚、今後の作戦消極退嬰《たいえい》とならざる様にせよと命じて置いたとの御話あり、英邁《えいまい》なる御資質を今目の当り景仰《けいこう》し奉り、真に皇国日本の有難《ありがた》さを通感せり。」と結んでいる。

『木戸』③は六月九日（火）。「三時、武官長来室、ミッドウェー海戦其他《そのほか》につき懇談《こんだん》す」とあり、その前に東条首相が参内《さんだい》しているから、当然天皇との間でミッドウェー敗戦の報告があったのだろう。

『木戸』④は六月一一日（木）の記述である。「十一時、武官長の来室を求め、ミッドウェー海戦の成果の発表に関連し勅語云々《ちょくごうんぬん》につき相談す。此際賜はらざるを可とすとの意見に一致す。」ミッドウェー海戦の結果を正直に発表した場合、あまりの損害に国民が動揺するだろうから、特に勅語を同時に発表する案を討議したのであろうが、結局は見送られた。

以上、天皇の側近として最も近くに侍《はべ》る木戸が、その日記の六日間に四回にわたって直接「ミッドウェー海戦」を話題としていることは、やはりこの海戦敗北のショックの大きさを物語っている。特に④で勅語まで話題にしていることは、敗戦を認め、損害をそのまま発表した場合、国民の戦意喪失や敗北感の醸成になりかねないと考えたのであろう。

これ以後、戦闘に関する大本営発表においては、戦果は実際より大きく、損失はより少なく発表されるようになり、累計すると、誰が見てもあらゆる戦闘が日本の勝利であるような結果として、数字で示されるようになった。敵の戦艦や航空母艦を数十隻ずつ撃沈したのなら日本は戦争に勝っていたはずで、実際にはミッドウェーを境に、その年の秋から（「転進」と称する）退却続きで、もう大本営発表は信用できないものとなったのである。

そのこととは別に、一九四二（昭和一七）年六月の『木戸幸一日記』には、偶然のことかもしれないが、ミッドウェイの敗戦の記述に続いて、戦争が始まって以来初めて「戦争終結」に関し、ある人物の声が記録されているのが注目される。それは、以下のような主張であった。「世界平和の為《た》め一日も早く戦争終結に努力する根本の考」（下巻九六七頁「六月一一日」）で、そこには木戸自身の意見も掲載されている。要するに、近衛公爵《このえこうしやく》を長とする外交使節団をソ連経由でヨーロッパに派遣し、スイスを拠点に連合国の指導者と会い、平和条約締結に向けてのイニシアティヴをとるべきだという内容である。

日本の英米蘭に対する宣戦布告がわずか六カ月前であり、ヨーロッパ戦線ではドイツの軍事的優位が依然として続いていることを考慮するなら、この時期の平和条約など突拍子もなく、到底実現するとは思えないことは誰が見ても明らかである。たとえミッドウェーの海戦があっても、勝利したアメリカがこのような案を認めるはずはない。

この件は、その後の木戸の日記では一切出てこないから、発起者は叶うはずのない夢を描いていたことになる。しかし一九四二（昭和一七）年の段階で、日本にこのようなことを考え、天皇に取り次ぎを依頼する者がいたことは知っておいてもよい。なぜなら、無謀《むぼう》ともいうべきこのような提言をした「ある人物」とは、ミッドウェー海戦の結果と関係するのか否かは別として、戦後日本をリードしたワンマンこと吉田茂《よしだしげる》なのである。

戦争が日本にとって不利だという状況を初めて明らかにしたのは、一九四三（昭和一八）年二月のガダルカナル島撤退（発表では「転進」）のニュースであった。それでもその時点では、国民の大部分はその島がどこにあるのかさえも知らず、そこからの撤退が何を意味するのかもわからなかった。しかし、広い太平洋における連合国軍との戦いは、中国大陸における戦争とは違って、陸海空とも高度に機械化され、発達した軍事技術を駆使する戦いとなり、用いる兵器も科学的知識・応用と結びついて、一般市民も巻き込んだ総力戦となり、大量の死傷者を出すようになっていた。

南太平洋では、しばらくは日米両国の苦闘が続いていたが、日本海軍の連合艦隊司令長官二人が戦死・事故死するという事態の後、一九四四（昭和一九）年七月にサイパン島が失陥《しっかん》したこと（発表では「玉砕《ぎょくさい》した」としている）になると、サイパンは誰もが知る名前であることから、国民も「これは一大事だ」と思うようになり、東条内閣はついに総辞職した。しかし「負けている」とは思っても、口に出したら警察か憲兵《けんぺい》に捕まることがわかっていたので、政府や軍部に対する組織的反抗運動は日本ではなかったに等しい。

†勤労動員

一九四四年四月には、法改正で最終学年の四年生になったのだが、しばしば勤労動員に出されるようになった。その中には一中の隣にある日枝神社の夜番があって、クラスの数人ずつが交替で社務所《しゃむしょ》に寝泊まりした。そのような席では、成績劣等のこの私は話題豊富で、それまでクラスのなかではほとんど知られざる存在であったのに、文学や音楽の話になると、にわかに話題を連発することができて自分でも驚いた。ふだん外国文学や西洋古典音楽に浸っていたので、青臭いけれどもそれなりの話題を提供することはできた。

七月になると、学校ではなく工場に継続的に通う本格的な総動員体制に組み込まれることになった。われわれD組は、蒲田区の目蒲《めかま》線の矢口渡《やぐちのわたし》駅に近い、倉本計器という艦船の計器類を作成する中規模の工場に行くことになった。授業も一日くらいあるのかなと思っていたが全くなく、旋盤《せんばん》や組立てやら倉庫番まで、五〇人そこそこの素人工員が機械に張り付いて、ハンダごてを使って線をつないだり計器を作成することになる。厖大《ぼうだい》な兵力を戦線に注ぎ込み、多数の戦死者・病人や負傷者を出し、遠くに派遣した部隊も帰国できず、内地の適齢期の男子はすべて徴兵したので、工場は人員不足となり、中学校高学年の生徒がその穴を埋める役割を演じることになったのである。

そうした労働を鼓舞する歌までできたが、私は拒絶反応からか、その歌を聴くと身が震えた。しかしだからと言って、それから逃れる術もなく、皆について行くより致し方なかった。最初の案では、私は何と旋盤工として働く身になった。不器用な私にこれは勤まるかなと不安であったが、身体検査がありX線による胸部撮影まで行われた結果、肋膜《ろくまく》に陰があり、ツベルクリン反応も陽性だったため、最終的には倉庫番に落ち着いた。生徒からは、もう一人日野義夫君と、社員でご高齢の竹中さんの三人が倉庫の入り口にある部屋で、伝票を持ってくる工員や学生に工具をわたすか、探させて検査するという事務的な役目だった。

時々、分工場のある蒲田の方へ製品や原料を運んだり、一度は横須賀にある海軍の工廠《こうしょう》まで製品を担《かつ》いで運んだこともあった。そこでは「汁粉でも食ってけ」と、もう一般には食べられなくなっている甘い汁粉の供応《きょうおう》にあずかることもあった。父親が情報局総裁だった天羽《あもう》公平君も、しばらく倉庫番の仲間入りした時期があったのだろう、二人で分工場へかなりの量の荷物を運ぶ役目を仰《おお》せつかったことがあった。

私はふと考えて、すぐ近くの多摩川の貸ボート屋でボートを借りて、分工場近くの岸につけ、届ける方法を試みた。毎夏、紀州引本の海や川で漕いでいるのでボート漕ぎには自信があったし、何より荷物を肩に載せて電車に乗るのには重すぎた。ボート輸送はうまく行き、分工場は川からすぐだったので、無事ボートを返して帰路についたのだが、相棒の天羽君が滑って転び、腹部を打ってそのまま休学となってしまった。

したがって、彼の一中卒業は、私たちより一学年後のことになるのだが、あたかも旧制と新制の切り替え時に当たり、大学によっては、同時期になってしまったり半年遅れになったり、いずれにしても受難の学年にあたる。あのボート輸送さえなければ、私たちと同期に無事卒業していたはずである。ただ彼は大学卒業後、東芝に入社し、出世して重役になり、一度通勤の車内から電話を頂戴して会ったことがある。もうボート漕ぎ事件は時効にして、再会を楽しんだ。

一九四四（昭和一九）年中は、そんなこともあったし、一緒に勤労動員に来ていた八雲高女の女学生と、倉庫番をしていると嫌でも話さざるを得ず、仕事以外のこともしゃべるようになった。中には音楽好きな人もいて、レコードの貸し借りをした。しかしまさか「第九」のＳＰを九枚も持ってくるわけには行かず、私のモーツァルトの「アイネ・クライネ・ナハト・ムジーク」と、向こうのシューマンの「流浪《るろう》の民《たみ》」を貸し借りして家で聞いていたら、何と母が熱心に聞き入って、自分でも歌い出したので驚いたこともあった。

やがて、一一月の秋の澄み渡った青空に、サイパンかテニアンから飛び立ったＢ29が飛行機雲を引きながら高高度を北の方へ向かって飛んで行くのを見るようになる。関東北部に集中する飛行機工場を高高度から爆撃するのだろう。東京にもやがて爆弾が落ちるだろうなと思いつつ、それを「眺め」ていた。

†東南海地震

一二月七日だったと思う。午後に大きな、しかし急激ではない、ゆらゆらとゆれる地震があった（宇佐美一九七五）。工場の防水用の貯水池の水が大きく揺れ、大半が波となって外へ流れ出してしまった。私は直観的に、これは遠くで大きな地震があったのではないかと思った。果たして三重県南部沖を震源とする東南海地震で、津波を伴う大被害をもたらす海溝性地震が、ほぼ一〇〇年ぶりに牙をむいたのである。

その結果、名古屋付近に集中していた航空機工場は多大な被害を受け、航空機の生産ができなくなってしまった。戦時中だったので、政府は被害のことは何も発表せず、国民は何も知らされなかったが、現在わかってきているところでは、地震の被害は静岡、愛知、三重の三県にほぼ集中し、死亡合計三九八人、負傷三〇五九人、住家全壊二六一三〇棟、流失三〇五九棟といわれている。ただ戦時中のことなので、正確な数字ではないだろう（宇佐美一九七五、渡辺一九九八）。

地震から間を置かずに津波がやって来た。最も高かったのは三重県尾鷲《おわせ》で、波高八〜一〇メートルとされている。このような大地震だったのだが、戦時中なので実際の被害は秘匿《ひとく》された。それでも、三重県には親戚や知り合いが多いので、どこそこは津波で流されたとか、まだ余震が続いているとか、情報はすぐ入ってきた。

米軍でさえ空から被災地を撮影して地震の前後を比較し、津波がどこまで押し寄せたかを知っていたのに、当の我々は戦争が終わるまで、その損害の大きさについては何も知らされなかった。実際には、名古屋を中心とする航空機工場は地震で壊滅していたのである。引本の町も津波に襲われ、床下ではあるが浸水し、海岸の料理屋は引き波と共に水没した。幸い疎開していた妹たちは無事であった。

これは日本の太平洋岸を周期ごとに襲うフィリピン・プレートのユーラシア・プレートへの潜り込みに対する跳ね返りによって生じる海溝性地震の一つで、今日では、一九四四年東南海地震（震央：熊野灘沖、マグニチュード八・〇）と名付けられている。

地震はほぼ一〇〇年周期で日本列島を襲い、それを避けることはできない。次の来襲はいつになるか、地震学者が予測に精力的に取り組んでいる様子が先般報じられた。続いて二回起こることがしばしばあり、後述するように、私自身、その二回目を後日ごく近辺で経験している。

†友を得る

一九四五（昭和二〇）年の一中時代は短く、終戦という事情もあるので別の章立てとし、中学時代の三人の友人について触れてこの章を終わりたい。一中時代は、確かに学科の成績は芳しいものではなかったが、何でも話せる友人を得たという点では、小学校や大学時代よりもはるかに充実していた。

一人目は、阿部信彦君で、三年生の時にクラスでの席が前後になった。私は窓側だったから、彼も同じ窓側で私の後ろの席である。物理の教科が、その年から教科書も変わり、新しい規格・記述になって、さっぱりついて行けなくなった。試験の日になっても全く自信のないまま教室へ行って机に座り、やがて問題用紙と解答用紙（あるいは一緒だったかもしれない）が配られた。少なくも問題の一つは、記述式ではなくはめ込み式である。数字のついた例文がいくつかあって、その数字を指定の箇所に書き入れる方式で、当時としては珍しかった。ところが私は、その問題の解答がわからない、担当の先生が後ろの方へ行った隙に、後ろの阿部君の答案をチラッと見て、「9」の字が書かれていると思い、「9」を入れた。

他の論述式問題は悪戦苦闘、やっとこさで答案を提出し、その時間が終わり、皆で論評し合った。僕は「答えは9だと思う」と例の解答をいったら皆ゲラゲラ笑う。「なんで笑うの」と僕。「だってあそこ、選択肢が1から6までしかなかっただろ」と皆。つまり、あのカンニングは、私がよほど慌てていたのか、阿部君が正解の「6」という数字を書いているのを、前席の私が逆から見て「9」と読み違えていたのだ。なんで選択肢が「1」から「6」までしかないということに気づかなかったのか、自分の阿呆ぶりに噴き出した。とともに、カンニングはもうしないと心に誓った。ばれたら「もう窮《きゅう》していたのです」とでも言ってごまかそうとしたのだが。

その阿部君の家には次章で述べるように一晩ご厄介になり、戦後、慶應に進んでからは、同じ高村ゼミだった。卒業後、彼は農林中金で早くから調査・研究に関わり、エジプトに会議で出かけてピラミッドに登頂して、私に強くそれを勧めてくれた。ご夫人は東大のU教授の下で地震を長期的に研究するのに必要となる古文書解読力をつけるため、私の大学院ゼミに参加され、ご子息も私のゼミに参加されるというお付き合いとなった。あまりにも早い彼の逝去に茫然自失、言葉を失った。

†悪友中の悪友

二人目は、田中健五君。悪友中の悪友。何しろ中学四年の勤労動員時代に私を連れだし、工場の塀を乗り越え脱走。日比谷へ二回、一緒に映画を観に行った。その時見た映画はドイツ・

ウーファ社の『希望音楽会』で、前線の兵士からの希望によって選ばれた音楽（古典・軽音楽とも）を映画化したものであった。もう原画は残されていないだろうオイゲン・ヨッフム指揮の『フィガロの結婚序曲』で始まるもので、本場の音楽を映像で観るのは初めてだった。二回目は日本映画で『暖流』。戦前の、まだ日本に自由が残っていた時期の映画で、戦争とは遠い世界であり、中の音楽にシューベルトの「いずこへ」が含まれていたと思う。戦後リメイクされているが、観ていない。

その田中君が、何と海軍兵学校に入学することになった。指定の日付に兵学校に着いていなくてはならないのに、なかなか東京を離れようとせず、間に合う最後の列車に乗っていった。私は深夜近く、東京駅で彼を見送ったが、ホームへかけ上がる彼を見るのもこれが最後かと思い複雑な気持ちだった。あいつがなんで軍の学校へ行くのか、私はとうとうわからずじまいだった。五カ月後に終戦になり、彼は東京に戻って来たので、別れは短い期間しかなかったのだけれども、彼を見送った日は寂しさや悲しさいっぱいで帰ったことを思い出す。

戦後の彼も私にとっては破天荒《はてんこう》な生き方を見せてくれた。東京高校から東大独文科、そして文藝春秋に入社し、その最高の地位、つまり社長にまで上り詰めた人物である。ある時はバーテンをやり、またある時は『民族の祭典』の映画監督レニ・リーフェンシュタールが来日した時、ドイツ語を解する数少ないマスコミ代表として彼女をもてなしたりした。彼は大股で歩いた生涯を送ったといえよう。

私はまた彼に大きな借りがある。それは私が一九六三（昭和三八）年、最初の海外留学以来、留学先へ『文藝春秋』本誌を毎月送ってくれたことである。最初の留学地、リスボンやベルギーのゲントでは、送られてきた『文藝春秋』を日本からの留学生仲間で回覧した。皆が日本語の活字に飢えていたために貪《むさぼ》るように読むので、私の手許に戻ってくる時にはボロボロになっていたほどである。あれほどよく読まれた『文藝春秋』も幸せだっただろう。

それ以来何度も住所が替わったが、どこへ行っても『文藝春秋』は届けられた。『諸君！』が始まれば『諸君！』も、『週刊文春』が始まればそれもである。まさかこれは勤労動員の手当ての残金（毎月五〇円が支給されたが、半分は現金で生徒に渡され、残り半分は郵便貯金で一九四五〔昭和二〇〕年五月頃、生徒にまとめて渡された。私は田中君の連絡先として、仙台のご兄弟の住所を聞いていたので、そちらへ送った）のお返しではないだろうな。その御礼にしては多すぎるよ！

†宇沢弘文君とのめぐり合い

三人目になったが、宇沢弘文《うざわひろふみ》君とのめぐり合いはどうしても記しておきたい。まず第一に、彼は常識の人ではなかった。もちろん俗に言う「人でなし」という意味ではない。行為や思考の回路が月並みではないのである。府立一中の同窓会を名付けて「ロクナ会」というが、その会の中に支部として「宇沢弘文を殴る会」ができたほどである。単に柔道で彼の怪力に投げ飛ばされたり、運動場で見つけたヘビを投げつけられたりしたものだが、まあ、ここまでは許すとしよう。

しかし私の場合、以下のことがあった。二年生以降、私は省線電車と地下鉄を使って通学するようになっていたが、ある日、数人のグループで赤坂見附から新橋まで地下鉄で来て、山手線のホーム(当時は京浜東北線も同じレールを走っていたので、ホーム一面ですべての近距離省線電車が乗り降りできた)に上がり、私は品川方面行きの電車を待っていた。彼は田端に家があったが、ホームは同じである。やがて彼の乗る電車が来ると、長身の彼は私の帽子をヒョイと摑《つか》んで電車に乗ってしまい、アッという間もなくドアが閉まり、私の帽子は窓からポイと投げ出された。風があるので、帽子はそのままスーッと線路に落ちてしまった。

さあ、どうする。今電車が出たばかりだから、すぐに下りれば次は来ない。瞬間的に私は線路上に飛び降りた。駅員が飛んできて、すごい剣幕で怒鳴られ、私はやっとの思いで這い上がり、駅員にお説教をくらい、今度やったら学校へ届けるぞと叱られる始末。読んで下さる皆さん。これご理解いただけますか。これが宇沢君にとっては、いたずらに過ぎないのです。それなのに私も不思議と彼の行為に悪意を持てないのである。

また、戦時中なのにもかかわらず、電車の中で「いまは軍国主義の時代だから仕方がないけどね」などと平気で話すのでヒヤヒヤしたものだ。

しかし数学に関しては天才と認めるべきで、一年生のときから難しい専門書を開いていたし、数学の教師が彼に数学の質問をすることもしばしばあった。彼に関する逸話はたくさんある。当然、東大理学部数学科に入学し、卒業後は保険会社でアルバイトしながら英文の論文を書き、それがアメリカの学者に認められていち早く渡米した。

スタンフォード大学で学んだ後、数学を経済学に応用して独自の体系を作り上げ、カリフォルニア大学ロサンゼルス校、シカゴ大学など一流大学の経済学教授として多くの若手研究者を育てる一方、ベトナム戦争に反対の姿勢を崩さず、一九六八（昭和四三）年に戦争への参加を拒否して日本に帰り、実に給料が一〇分の一の東大助教授となった。翌年には教授になったが、どこまでも信念を曲げず、成田紛争、公害問題——特に排気ガスのことから反自動車の立場を貫いた。郊外の田無《たなし》の自宅から東大まで毎朝走って通学し、成田闘争でも警備の警官が付いて行けず警官の方が悲鳴をあげるほどだった。

妹たちに彼のことを話すと、「彼にはオッパイが三つあるんじゃないの」ともっぱらの噂で、私たちきょうだいの間では、それが宇沢君を指す隠語になった。文化功労者、文化勲章、学士院会員と、私が栄誉をいただくところ、もう宇沢君は何年も前からその席にいた。中学時代の彼を思えば、さもありなんと嬉しくもあるが、彼がもっと長生きして、大いに議論し合いたかった。

Ⅱ 終戦
——1945-1948

塩炊きのアルバイト中に南海地震に遭う(1946年)

第4章　私の一九四五年

†嵐の前の正月

危惧されていた大晦日の大空襲もなく、一九四五（昭和二〇）年に入った。勤労動員も元日は休みで、数少ない正月料理を父母、弟、女中さんと食べる。フィリピンのレイテ島に上陸した敵を追い払うことができず、戦線はルソン島に移っている模様だ。入ってくる情報は特攻隊のことばかりだ。一九四五年一月一日の朝日新聞でも「比島戦局まさに危急」と囲むかなり大きな文字が、フィリピン戦線がただならぬ情勢であることを伝えている。午後には日野と遠藤がやって来たが、話がはずまず、こんな正月らしくないのも初めてである。

翌日から勤労動員も再開し、蒲田へ通う日が続いた。私は倉庫番だったので、何度か友人の分まで手助けして、女学生たちとの仲をとりもつ役目を続けた。何せ異性に関心の出てくる年頃である。ある一人の女学生と、とうとうデートをするようになり、ほかの人同様、勤めが終わってから目黒駅で落ち合い、山手線と並行して下る坂道を往復するのが定番になった。見通しのよくない霧の夜に逆方向から同じクラスのカップルが来てすれ違うときなどちょっときまりが悪かった。愛だの恋だのではなく、彼女たちは何を考えているのだろうという関心の方が強かった。また、見つかったら懲罰もののこういった行為のスリルを楽しむ側面もあったのかもしれない。

ところが、私は、その時のデートの相手と三〇年後になって再会することになる。ご子息が、私の勤務していた慶應義塾大学の経済学部大学院を受験されるとき、面接に際し提出される附属書類を読む機会があり、そこに書かれている母親の出身校、年齢、名前を見て「エーッ」ということになった。あらためて聞くまでもなく、受験したのはあの時の彼女の御令息だった。その受験生は無事大学院に進み、さらに私の在籍する経済学部の助手に採用された。さらに数年後、ご子息の結婚式にも招待された。その方とは「いやあ久しぶりですね」「いろいろありましたね」と言葉を交わすことができた。数十年近い歳月を経ての全く予期せざる再会である。人生の機微を感じた。

一月も一〇日を過ぎると、中学校を出てから進む次の学校を決め、その入学試験受験が始まった。時局柄、一人一校しか受けられず、それに中学での成績が受験校の判断材料となることは必至なので高望みはできず、府立一中生としては控えめに、慶應義塾大学を受けることにした。どこで試験を受けたのかは思い出せないが、第一次試験に合格し、第二次試験は、信濃町の医学部校舎で行われ、口頭試問だった。若い教官から将来何を望むのか聞かれ、教育・研究をしたいと答えた。経済学部志望だったので、有名な小泉信三、高橋誠一郎教授の名前を出し、こういう先生に習いたいと答えたことを思い出す。

父が残した日記によると、一月二四日の記述に「融、体重五二キロ、胸囲八四センチ」と書いてあった。現在より体重も胸囲もあって、肉体的には上出来といえそうである。最終結果は合格だった。合格者の中には同学年の長島君もいた。

同じく、父の日記によれば、私は一月二七日早朝の列車で三重県の方へ向かい、津に住む高田家（叔母の家族）に寄り、引本に二月二日まで一週間滞在している。そのため私は、一月二七日午後、曇天のため航空機工場爆撃を止めたB29の編隊が東京の中心部に爆弾をいわば「投げ捨て」、その一部が銀座や有楽町に落ち、東京の住民に対し心理的に強い恐怖感を与えた「盲爆《もうばく》」も知らずに済んだ。勤労動員の最中だったのに、結局津市に住む高田家で三人姉妹のいとこたちと会い、一泊して引本へ向かった。その時点では、引本は東京に較べて戦争から遠く、空襲警報でビクビクすることもなく、本を読んだり、釣りに行ったり、一人で命の洗濯ができた。

帰途は魚類やみかん、米などの食糧品を背負って、二月二日早朝、夜行列車で品川駅に帰着した。翌々日の月曜日から元の勤労動員生活に戻ったが、一月は一ヵ月ほとんど働かずに済ませたので、戻って勤労奉仕を続けるのがしんどかった。それに加えて、東京に帰ると、家族全員が引本へ疎開する話が進んでいた。「別荘」と呼ばれていた家屋敷が本格的な蔵もついて空いているので、そこが使えるという大きな利点があった。引本は漁師町で、家が密集しているのだが、「別荘」は山裾にあり、小学校とお寺に挟まれた一軒家で、狭いながらも若干の畑もあった。

皆苦労しているのに、疎開先としてこんなに恵まれた場所はないと思った。問題は、いま住んでいる東京の土地・家屋の処分、蔵書をはじめとする大量の父親の研究必要物、家具類の梱《こん》包《ぽう》と輸送で、誰かに頼まなければならないが、頼める人もいないし、梱包材量もない。まずはそこから解決しなければならないのに、日はどんどん過ぎて行く。

ようやく引本への疎開の話が具体的になり、梱包材料を送ってもらい、三月に入ったら「忠さん」と呼んでいた速水家の下男の人に来てもらい、荷物の梱包、駅までの運送の立ち会いを三月半ばに行う計画ができた。私は、勤労動員のため、ほとんど荷物の梱包などはできず、もっぱら父の不平不満の聞き役となる以外にはなかった。

†東京大空襲

そうこうする内に、戦局は一向に変わらず、運命の三月を迎えた。父親も弟も、母親の実家のある三重県の熊野灘《くまのなだ》に面した引本に疎開することになり、「忠さん」も梱包材料も届き、家具や蔵書が荷造りされ、発送に備えた。もう自由に荷物を送れる状態ではなかったが、その最中に起こったのが、かの三月一〇日東京大空襲である。これについて書かれたものは少なくないが、直接焼夷弾《しょういだん》による火災に見舞われなかった者を含め、あの空襲こそ日本の一般民衆が敗戦を知る契機となった出来事なので、わが身の経験を述べておくことは無意味ではないだろう。

三月九日の夜、父は実兄で中野に住む東畑精一氏宅を訪ね、自分は家族と疎開するので、東京に残る息子を引き取ってくれないかと頼んだ。伯父は、父の日記によると「運命をひとつにする」とまで言って引き受けてくれた。そして兄弟は、戦局のこと、将来のことなど「相当つっこんだ」話をすることになったようである。

東畑邸を辞したのは夜そんなに遅くはなかったのだが、新宿での山手線の乗り換えに手間取り、品川からの市電はもうお終いで、家まで歩くことになった。そして帰宅後休む暇もなく、空襲警報発令になったのである（この項に書いてある事柄は、父親の日記に基づき、筆者が再構成した）。

三月一〇日の東京大空襲について記した文献は多い。B29が、いつもと違い低空を飛び、空襲開始後三〇分もしないうちに、防空壕の上から眺めていると、東の空が赤く染まり、その一時間後には巨大な火柱が渦巻いた。もともと北風の強い日だったが、火災を伴う颶風《ぐふう》が荒れ狂い、高輪まで灰や燃えかけの木片まで飛んできた。あの下にいる人たちは、とても生きていられない状況になっているのだ、これが戦争なのだと痛感した。みんな黙っていたが思いは同じだっただろう。

当局は、そのような焼夷弾攻撃を知って、建物の強制疎開を即時実施することを決め、幹線道路、鉄道の沿線、主要建築物周辺の建物の持ち主か居住者に通知した。いままで「疎開」といえば、ヒトを都市から地方へ移動させることだった。しかし東京に続き、名古屋、大阪と、一日おきに焼夷弾攻撃で大都市が焼け野原になっていくと、建物の疎開——強制疎開——が閣議決定され、我が家には、三月一七日に、二六日までに家を明けわたすよう命令が来た。我が家の場合有償ではあったが、ちょうど疎開した後に建物を貸す相手をやっと見つけたところだったので、父の悲憤慷慨《ひふんこうがい》ぶりが日記に示されている。

家の強制疎開は、裏に鉄筋コンクリート造りの高輪中学校があり、その建物を防空陣地として使うため、周囲の木造家屋を破壊するのが理由である。忠さんは引本へ帰ってしまったし、増えた疎開荷物をどうするか、テンヤワンヤの騒ぎとなったが、私は勤労動員先の工場通いだったので、荷造りや発送をした記憶はない。ただ輸送できる疎開荷物の制限が大幅に増えたのは、蔵書をかかえる父親にとってはありがたかった。

ともかく、大都市に住む人たちは、この日の空襲や建物の強制疎開の実施を機に、戦争の恐ろしさ、それから逃れたい気持ちがぜん強くなったといえるだろう。いくら軍や大本営発表が勇ましいことを言っても、現実はもうどうにもならないところまで来ており、この大空襲にバケツリレーで立ち向かうことは無意味だと悟ったのである。それよりも、まずは逃げることが身を守る唯一の方法となった。戦後、航空自衛隊の創設に寄与したという理由でカーチス・ルメイに勲章が与えられたが、このような大都市焼夷弾攻撃を指揮した彼に勲章を与えることは簡単には割り切れない気がする。

数日後の新聞に、天皇陛下が焼け跡を歩かれる姿が掲載されたが、陛下の姿よりもむしろ、何一つ残っていない下町の焼け跡の様子により強いインパクトを受けた。工場へ通う足取りも次第に重くなったし、もう女学生とデートする気持ちも完全に消え失せてしまった。

ついで名古屋、大阪、神戸がやられ、硫黄島へ上陸した米軍を追い落とすこともできず、もう敵のなすがままという状況になってきた。両親は三月三〇日に東京を去った。そういうわけで、一人東京で暮らすことになったが、幸い伯父（父親の兄）の東畑精一氏宅に置いてもらうことになった。高輪から中野までの道を、近所の引越屋さんがリヤカーを引っ張ってくれるのを押して、中野駅の傍にある伯父の家まで運んだ。

本来ならば、三月末で府立一中を四年繰り上げて卒業するはずだったのだが、勤労動員先が替わるのはよくないという理由から、引き続いて今までの動員先で働けというお達しがあり、自分は上級の大学・高校へ進学したのか、中学生のままなのか誰もよくわからずに蒲田に通った。

†伯父の家にて

私は、初めて居候となり、伯父の家の一室を与えられたのだが、伯父の家族も疎開しており、残ったのは伯父自身と長女のYさん——私から見ればいとこになる——、農学部の学生Hさん、女中さんが世帯員であった。長女のYさんは私より数歳上で、確か日本女子大の学生だったが、勤労動員で板橋にある陸軍の工廠に出勤されていた。また、この農学部の学生さんがなぜそこにいたのか正確なことは聞きそこなったが、確か戦災を受けて宿所がなくなり、伯父が引き受けたのだと思う。

この人が、群馬県の方へ出かけて干うどんをリュックにいっぱい買い込んで来たり、千葉県の千倉まで行き牛肉を買って来たり、東畑家の食糧調達係をしていた。よく「横浜の先」で求めましたというのが口癖で、具体的にそれがどこなのかわからず終いだった。かと思うと、彼女は面白い人で、名前も知らない東大の経済学者たちの批判を滔々《とうとう》と聞かされ、中学を出たばかりの私には全くわからない経済学の話をしてくれたりした。

四月になると、いろいろなことが起こった。一日には沖縄本島に米軍が上陸、五日には小磯《こいそ》國昭《くにあき》内閣総辞職、ソ連が日ソ中立条約不延長を通告。七日に鈴木《すずき》貫太郎《かんたろう》内閣成立と続き、この風雲急を告げるなか、内閣が替わるとは何事かと疑問を持ったものである。

そのうちにアメリカのフランクリン・ルーズヴェルト大統領の急死（四月一二日）という事件が起こる。朝日新聞の論調は、敵国の最高指導者の死に際して、それを喜ぶべきとする記事はなく、むしろルーズヴェルトの行った失業問題解消政策、ニューディール政策を評価するような論調さえ見られた。死者に鞭打つことを否定し、その功を認めている。「一億玉砕」を叫んでいた政府のもとではおかしいな、という気もしたが、四月一四日付け朝日新聞第二面に、欧米部長福井《ふくい》文雄《ふみお》氏が書いている一文「ルーズヴェルト」などは、ルーズヴェルトを、交戦中の敵国の大統領としてではなく、一人の偉大な政治家として取り扱っている。極端に言えば、これは和平への一つのシグナルとさえ読める。

伯父はこの時は何も言わなかったが、しばらくして「この内閣は戦争を終わらせる内閣だ、だからもう犬死はするな」と強く言われた。今にして思えば、鈴木内閣の農商大臣には石黒忠《ただ》篤《あつ》氏が任じられ、伯父はその私的補佐をすることもあったので、そういう形で事情を伝えたのかもしれない。鈴木首相のアメリカ国民への弔意は、日本が和平を話し合う用意のあることを伝える最初のメッセージとしての意味を含んでいたとも考えられる。

あとで知ったことだが、ルーズヴェルトの死に対して日本の首相が弔電を打ったことを、亡命中のトーマス・マンが「日本の武士道」として讃えた。その一方で、大統領の死に対して、極端に言えば「ざまあみろ」の論調だったナチス・ドイツの態度に鈴木首相は、怒りを表明していたらしい。

しかし、そういうことにお構いなく、四月一三日と一五日には東京の西南部が集中攻撃を受け、焼け野原となった。私は電車の動いてない線路を歩いて蒲田の方へ行ったが、動員先の工場付近は見事に焼き払われていた。勤労動員の生徒は何人か集まったが「別命あるまで待機」ということだった。帰りは中野まで歩ききれず、やむなく自由が丘に近い友人の阿部信彦君のお宅に一泊した。電話も断線して東畑氏宅に連絡もできなかったが、この件で方々に迷惑をかけてしまった。また、この時初めて炭のように真っ黒になった焼死体が山積みされているのを見た。

その時だったが、行きに中野から大久保駅あたりまで線路を歩いていると、小学校時代よく家にも来ていた山下さんとばったり出会った。彼は私の母親の実家近くの出身で、東京に出て苦学して教員の免状を取り、小学校の教諭をしていた。私の家庭教師も不定期にしてくれたが、新宿の映画館へ「愛染かつら」という大人の観る映画に私を引っ張り出してくれた人である。また「サイタ　サイタ　サクラガ　サイタ」を逆読みして「タイサ　タイサ　ガラクサ　タイサ」と軍人を揶揄する読み方を教えてくれたのも彼である。

焼けただれた大久保駅近くで出会ったとき、紀州弁で「まーあかんな、わし尾鷲に帰るわ」と、もう東京を離れることを伝えてくれた。戦後に故郷で高校の教諭になっていた彼と再会したが、面白い人だった。この「まーあかん」というのが、当時庶民が持つようになった正直な思いだったのではなかろうか。

†東畑宅での会合

ところで、東畑氏宅では、日本や世界の現状、これからなすべきことなどについて東大教授らが何人かで集まる会合が隔週くらいに開かれていた。東畑氏宅が中野駅に近くにあり、交通至便だったこともあるのだろう。四月二九日には、常連の一人、矢部貞治《やべていじ》氏が来られて、すき焼きを一同つついたことが『矢部貞治日記』に出てくる。よくまあこの当時食材やビールが揃ったものである。

東畑氏宅の会合は、南原繁《なんばらしげる》法学部長の下に集まっていた会合とは違うようである。南原グループは四月某日、和平案を木戸幸一内大臣まで提出し、実際の政策立案に影響を与えたかもしれない。東畑グループの方には「一度お前も出てみろ」と言われて部屋の片隅で聞いたこともあるが、何せまだ一五歳、これから大学生という者にとっては話を理解することすら難しかった。ただ、「日本はもっと資本蓄積をしなきゃダメだな」と誰かが発言し、資本蓄積とはどういう意味なのだろうと思ったりした。

こちらの常連としては、横田喜三郎《よこたきさぶろう》教授、矢部貞治教授、東大教授以外に中山伊知郎《なかやまいちろう》一橋大教授、蠟山政道《ろうやままさみち》元東大教授らの名が思い出される。思うにこのグループでは、戦争が終わったらどうするかが話題で、南原グループでは、戦争をいかに終わらせるかが議論されていたのではあるまいか。

四月中旬までは、週一回、ドイツからのラジオ放送が中継されていたが、ある日、「ドイツからはこれが最後です。もうベルリンからは放送できません。ハンブルグからです」というアナウンスが流れ、ベートーヴェンの第五交響曲が演奏された。四月三〇日にはヒトラーが自殺し、五月七日にはドイツ軍の無条件降伏と続き、ヨーロッパにおける戦争は終結した。こうして日本は連合国と戦う唯一の国となったのである。

†無為徒食

空襲で勤労動員先が焼け、待機というと聞こえはいいが、要するに無為徒食《むいとしょく》、おそらく何十万かの動員学徒が働き先を失い、東京やもうほとんど焼けてしまった大都市で無駄飯を食っていたと思う。私もその一人で、本を読んだりレコードを聴いたり友人とだべったり、戦争が緊迫しているというのに、だらだらと、しかしある意味では、それをいいことに教養を蓄積する日々を送っていた。

そこへやってきたのが五月二五日の空襲で、このときは都心部や焼け残った西部が標的となり、中野の東畑邸の真上をB29が一機また一機と都心へ向かって行った。ガーンと音がして、一瞬「あっ焼夷弾だ」と思ったが、六角形の筒にナパーム油脂を詰め込んだ焼夷弾を何発か束ねた外側の板で、ほんの少しでも爆撃手が投下ボタンを早く押していたら、焼夷弾は間違いなく東畑邸を直撃していただろう。B29のなかには、被弾して火災を起こし、高度を下げながら都心方面へ向かうのもあったが、原宿付近に突っ込んだに違いない。

もう誰も火を消そうとはしなかった。ただ逃げるのみである。幸い東畑宅はあとちょっとのところで助かったが、東中野・中野間の住宅密集地域は全焼し、避難民が道を歩いてくる。後続のB29も絶えたところで、伯父はお茶を出そうと皆を督励《とくれい》し、道端にお茶と茶碗を出して、避難してくる人々に供した。

この夜の空襲により、宮城も飛び火によって焼亡し、東京は本当に焼け野原となった。同じ戦火の跡でも、ドイツの場合は瓦礫の山であるが、日本は木造建築が多いので、すべて焼き尽くされてしまうのである。

よく友人たちが集まり、レコードを一緒に聴いた郡司君の家も焼けてしまった。南新宿という小田急線の駅の傍にあったのだが、後で聞いたら、レコードはすべて溶け、黒いアセテートの塊になっていたそうである。その直前に聴いたフルトヴェングラーの振る「悲愴」が最後になった。

六月九日の朝日新聞は、幼年の頃から家によく来て、私たち子どもにも笑顔で接してくれた画家の柳瀬正夢氏の戦災死を伝えている。これは五月二五日の空襲によるもので、柳瀬氏はこの日の夜行で家族の疎開先（信州）に向かう予定だったが、空襲のため列車が運転休止となり、新宿で待機していたところへ焼夷弾が落ち戦災死されたと聞く。

いずれにしても、五月二五日をもって、東京に対する大規模攻撃は終了した。

†引本への爆弾投下

六月になっても何の通達もない。B29は、京都を除く六大都市に代わって地方都市を攻撃するようになった。一〇日から列車は削減されたが、一二日の中央線経由で家族の疎開先・三重県の引本へ行ってみることにした。厳しい統制の中、どうやって切符を手に入れたのか忘れてしまったが、東海道線はもう危ないというので、中央線廻りで名古屋に出るコースをとった。新宿を一六時三〇分に出るのだが、何のことはない、私が一〇年前の幼稚園時代、この列車が来るまで東中野駅そばの柵にもたれて行き交う電車を眺め、最後にこの列車を見送って家に帰ったあの列車である。

今回は、塩尻で乗り換え、中央本線を初めて全部通して乗ることになった。塩尻は真夜中で、空襲の跡も痛々しい名古屋に早朝着き、関西線に乗り換え、亀山で参宮線、津で降りて高田家で一休み、翌日出立、最終目的の紀勢東線相賀《きせいとうせんあいが》駅に着いたのは午後遅くになっていたような気がする。列車はそれほど混んではいなかった。名古屋を除けば、地方都市はまだ戦災を受けておらず、久しぶりに車窓から山野の緑を眺めることができた。

疎開先は、三重県北牟婁郡引本町大字引本浦で、家族は、寺院と小学校に挟まれたやや高地にある家に住んでいた。前年一二月七日の東南海地震に際して生じた津波により、町の家々は床下まで浸水したが、それから逃れることのできた一角にあった。

その町は遠洋漁業の町だったが、漁船は燃料がなく、繋留《けいりゅう》されたままであった。沿海でわずかにとれたものが、寂しく魚市場で競りにかけられていた。地元の学校へ通うきょうだいは、数カ月の間に、皆方言を話すようになっているのに驚いた。両親には、東京焼尽のこと、そのなかで勤労動員も終わり、待機中であることなどを話すともう話題がなくなってしまった。

ある日の朝、ここでも空襲警報が鳴った。空を見上げるとB29が一機ずつ、内陸の方へ向かって飛んで行く。雲の下なので、高度は三〇〇〇メートルくらいだろうか。たまたま隣町の尾鷲にある中学校に入学するいとこの山路尚君が遊びに来ていたので、促して裏の山に登り、海の彼方から続々とやってくるB29を眺めていた。途中で自分が白い半袖シャツを着ていることに気づき、目立つのでこれは危ないかなと思ったが、艦載機《かんさいき》ならともかく、あのB29が一人や二人を目標にしてせっかく運んできた爆弾を落とすはずはないという自分の考えた理屈で自分を納得させ、そのまま登って行った。

あるところまで行ったとき、ザーッという音がして、その音が大きくなってくるではないか。爆弾投下だと気づき、尚君に「おい爆弾投下だぞ」と伝えると、彼は訓練されているのか、手を耳に当ててその場にしゃがみこんでしまった。私はどうしようかなと一瞬迷ったが、爆弾が落ちるのを見てやれという野次馬根性の方が強く、そのまま立って海を眺めていた。数秒後、ピカピカという閃光が走り、一〇〇〇メートルくらい先の水面に水柱があがり、ドーンという音が続いた。水柱が上空の雲にキラキラ映えて何ともいえない光景だった。

「おい、大丈夫だよ」と尚君を起こし、はて今の爆撃は何を狙ったのか考えてみた。まさか我々を狙ったわけではないだろうと海を眺めると、尾鷲湾の入り口を小型船の一団が港に入ろうとしていた。爆弾は、我々とその船団の中間に落ちているから、爆撃手はひどく間違っていたわけだ。

あとで聞いたら、付近の海面は浮き上がった魚類でいっぱいだった由、漁師たちは手づかみで魚を取り、久しぶりの豊漁だったとのことである。この時の爆撃は、阪神地区を目標としたものであったらしい。

†「本当の目的」

というわけで、疎開先でB29の爆弾投下をこの目で見ることになったが、魚は腹いっぱい食べて帰途についた。帰り道では、再び津にいる叔父・叔母一家を訪ね、一泊して東京へ向かったが、白状すると、叔父・叔母の家で、三人姉妹のいとこに会ってサヨナラを言うのがこの旅の目的だった。三人のうちの二番目の博子《ひろこ》が本命で、昔から夏休みに引本で会って遊ぶ際にも、この子と遊ぶのが一番楽しかった。

まさにロミオとジュリエットの仲なのだが、何を隠そう、私たちは十数年後に結婚することになる。一九四五年には、私は一五歳、相手は一三歳で女学校の一年生だったから、まだそのような気持ちが何を意味するのかさえわからなかった。ただ、戦争がどうなるのか、少なくとも当分は会えないだろうなという気持ちを伝えたく、一目会い、「しばらく会えないだろうけど元気でね」と言いたかったのである。津からは名古屋に出て、名古屋を夕方出る中央線で塩尻で乗り換え、翌日新宿に着いた。幸い往復とも空襲に遭わずに済んだ。

伯父には、津のような地方都市も危ないということを伝え、また中央線廻りを勧めたので、津に疎開していた伯父は家族の再疎開を図るべく、中央線の列車で往復した。三重県では、四日市に海軍燃料廠が置かれ、工業都市であったそこが六月下旬に空襲を受け、津も七月にやられたが、中規模都市にはB29数十機の攻撃で十分で、米軍はしらみつぶしに次々と中小都市を灰にしていった。沖縄戦も終わり、もうこの頃になると、誰もが戦局に絶望していたが、それを口にすることもできず、焼け跡を黙々と歩くのみであった。

ごく最近のことだが、この時の疎開先の「引本」が題材の一つになったNHKの番組が放映され、すっかりその虜になってしまった。放映は二〇一八年一一月一一日二一時、「銚子川《ちょうしがわ》」というタイトルのものだ。番組表だけでは、どこにでもありそうな川の名前だったので、あまり気にもせずにテレビのスイッチを入れたのだが、見覚えのある風景に、おや、これは、三重県南部のあの「銚子川」のことか、と正面に座り直し、前夜の睡眠不足もどこかへ吹き飛び、最後まで大きな感慨をもって観ることができた。

それは単なる「娯楽」以上の体験であった。そこに私自身の人間形成の「場」が映っていたからだ。単に、銚子川が海にそそぐ場所に私の本籍地があっただけではなく、幼い頃から過ごし、相手をしてくれた銚子川である。そして、そこで知り合った一人の幼馴染の女性に対する気持ちの高揚——二〇年近く経って、私たちは結婚するのだが——もあり、銚子川なくしては、いまの自分は存在し得ない聖地とさえいえる。

番組が終わるのが何とも惜しい感じがした。ふだんはほとんどニュース、ドキュメンタリー、スポーツの一部しか見ない私も、今さらながら、テレビ番組の持つ可能性を肯定せざるをえなかった。この番組のDVD盤が出たら、ぜひ購入したいものである。この番組の持つ自然と人間の結びつきという基盤に自分も無意識に乗っていたからこそ、あの空襲の最中に、危険と困難を冒して出かける勇気を持ったのかなと思うとともに、番組を制作・放映したNHKに感謝したい。

†終戦直前の東京

六月後半になると東京はもはやB29による攻撃対象ではなくなったし、日本側が、高高度を飛ぶB29への直接の反撃能力がないことを知ったアメリカ軍は、それまでB29の護衛を任務としていた戦闘機隊で、直接、日本本土の軍事施設などを攻撃すべく、戦闘目的を拡大することになる。一九四五年六月後半から七月、そして八月上旬には、P51型という高性能の戦闘機隊が自身で攻撃目標を定め、B29の攻撃とは異なった細密な攻撃に転じた。日本の一般国民は、にわかに戦線に無防備のまま放り出されることになったのである。

その結果、東京にも昼間から艦載機が時々やってくるようになった。伯父の家の近くに住むRさんの家には短波受信機があり、米軍が今度の攻撃はどこそこだと放送するのを聴くことができたが、短波放送の聴ける受信機は一般には持つことが禁止されていて、米軍の放送も一般人には聴くことができなかった。そのうちに浜松・豊橋といった東海道線沿いの都市もやられ、海岸沿いの都市も艦砲射撃を浴びるようになり、一時的に鉄道が不通になることも増えた。しかし、私が不思議に思うのは、なぜ米軍が本格的に鉄道や道路、橋梁《きょうりょう》を破壊しなかったのか、である。

七月になると、走行中の鉄道車両を狙う戦闘機の機銃掃射《きじゅうそうしゃ》が多くなった。今まで文化財の多く残る奈良県など航空機の攻撃のなかったところにも攻撃があり、中央線八王子近くの列車に対する艦載機の攻撃は有名な話である。これらは、米軍の攻撃が、「第一目標——当初から攻撃すると決められたところへの攻撃。第二目標——第一目標が何らかの理由で攻撃できない場合に行う場所に加え、第三目標——第一・第二目標が攻撃できない場合、または特定の目標が与えられていない場合の攻撃で、パイロットが決めることができた」というように、特定の対象に捉われずに攻撃できるようになり、動いている列車や鉄道駅舎は格好の目標となったのである。

だが重要なことは、この米軍の艦載機が機銃掃射で狙ったのは列車か、せいぜい駅舎であって、システムとしての鉄道ではないことだ。航空機からの爆弾か、軍艦からの砲弾で鉄道を狙い、ズタズタに破壊しようとすれば破壊できたはずである。なぜ米軍は、日本の鉄道を戦略的な攻撃目標とせず、それを艦載機パイロットの判断に任せたのか。なぜ鉄道全体のシステムを破壊しないで、艦載機による個別的な列車攻撃で留めたのか。その理由は何か？　という疑問は当時から残ったままである。現在における私の暫定的な答えとしては、日本を原子爆弾によって降伏させたい、というアメリカの戦略があったからだと思うのだが、その証拠は一切見ていない。

東京に外から入るには、国鉄だけでも横浜方面、八王子方面、大宮方面、取手方面、千葉方面と、東海道線、中央線、東北・上信越線・常磐線・総武線と橋梁でつながっている。これらを破壊すれば人も物も運ぶことができなくなる。一部は私鉄もいくつかあるが、それだって破壊してしまったら、住民に食糧さえ供給できなくなる。私の知る限り、鉄道の橋梁が破壊されたのは、九州でいくつかと木曾川にかかる私鉄の橋だけで、それだって並行する国鉄の橋を使えば人の移動は容易にできた。

現在の我々は、この時期に政府がいかに終戦に持っていくか、内部でかなり議論があったことを知っている。事実、海軍は全滅し、抗戦しようにも特攻兵器しかなく、陸軍は精鋭部隊を海外に出し、国内で慌てて編成した部隊は、持つべき銃さえないあり様だったから、もう何をしてもダメなことはわかっていたはずである。私なりに考えれば、五月のナチス・ドイツの降伏により、日本は同盟国がいなくなり、どこにも遠慮せずに降伏——あるいは「終戦」の字を使ってもよい——できたのに、である。

五月二五日の東京焼尽により、宮城も被災し、国民の戦意は大きく低下した。新聞記事にも、空襲の際は逃げずに消火せよという記事がしばしば出てくるのも、逆に、もう誰もが消火するより逃げてわが身を守るようになったからだろう。六月末の沖縄戦終結も一つの機会だった。一般住民も巻き込む戦闘がどういう結果をもたらすのか、いたずらに「本土決戦」を叫ぶ軍や政府はわかっていたのだろうか。さらに、政府はこの期に及んで、ソ連に和平の仲介を頼むなど、今から考えればすることが全く役に立たないことだらけだった。

ドイツ降伏後になるべく早く、中立国を通じて降伏を申し出るべきだったのだ。この降伏の数カ月の遅延は世界史的な意味を持っている。七月中旬にアメリカは原子爆弾製造の試験を行ってその威力を知り、広島と長崎にそれを落とし、日本の降伏を早めるのと同時に、原子爆弾の保有を世界に見せつけることとなる。

実際には、中立国のスイスやスウェーデンを通じた和平の下交渉は存在していた。しかし、鈴木氏が首相であったのにもかかわらず、戦争の最終段階で、日本の政府・指導者の意思統一が遅れたことにより、あたら何十万人かの血が流れたのである。

ようやく慶應大学から通知が来て、七月一日から日吉のキャンパスで講義が始まった。文科系は全学部合同のクラスで、科目に英語と数学があったように思う。しかし、中野〜新宿〜渋谷〜日吉という比較的通いやすい通学路でさえ電車の遅延は始終で、時には何時間かの不通さえあった。

こういう状況のなかでの講義はする方も受ける方も集中できず、誰に何を教わったのか全く覚えていない。授業は七月末で終わり、次に行く勤労動員先は赤羽の陸軍造兵廠と聞いて観念した。まだそんなところが残っているのかが不思議で、そこで働くようになる前に米軍の爆撃で吹き飛んでくれないかなどと不遜なことを真面目に願ったりした。七月には、アメリカの艦隊が日本近海に来て、室蘭・釜石・日立・浜松など工業都市の艦砲射撃さえ始まる始末である。海岸から数十キロ沖にいる敵艦を撃退する力さえもうなくなっていた。

†ポツダム宣言と原爆投下

七月末には、ポツダムに会した連合国の間で、日本の降伏を求めるポツダム宣言が出され、日本国内では七月二八日付けの新聞で「米英重慶、日本降伏の最後条件」という見出しで宣言を内容とともに伝えている。その内容は、日本が最後に降伏しない場合は、ただちに徹底的破壊をするとくくっている。これに対する政府の回答は、宣言は重大な価値をもつものではないため「黙殺する」ということであった。実際には、東郷茂徳《とうごうしげのり》外務大臣や終戦工作をしていた加瀬俊一スイス公使、佐藤尚武《なおたけ》ソ連大使らは、ドイツの無条件降伏と比べて、より日本が受け入れやすいという解釈から、受諾していいのではないか、ということを言っていた。

しかし回答は、「宣言を黙殺する」というもので、これでは相手は拒否と受け取るだろう。

受諾に時間が必要ならば、「検討し何日に正式回答する」などと言えなかったのだろうか。そうすれば、ソ連の参戦はともかく、広島・長崎の被害は食い止めることができたかもしれない。また、原子爆弾の威力がアメリカ以外に広がるのもずっと遅れたに違いない。

実際には、八月が来ると六日に広島、九日に長崎に原子爆弾が投下され、八日にはソ連の対日宣戦布告があり、戦争は一方的な敗戦になった。なぜ七月のポツダム宣言を「黙殺」したのか。天皇の存在と国体のあり方について協議することを条件として宣言を考慮する、くらいの返事ができなかったのか。国民には知らされていなかったことだが、パール・ハーバーが宣戦布告前の攻撃だったことを含めて、この一連のやりとりが、日本の外交がいかに下手であったかを物語っている。

さすがに原子爆弾については、投下の翌々日、八月八日の朝刊で、広島市は「相当の被害を生じ」たこと、それは「新型爆弾」であったことが発表されたが、長崎に至っては、三日後の一二日の紙面に他記事に混じって小さく報道されたに過ぎない。もっとも、新型爆弾への対策として、「白衣を着て横穴壕へ入れ」という指示が出てはいる。私もその時期に会った友人から、白い布を被るのがいいそうだと口コミで聞いたことを覚えている。焼夷弾攻撃に対しては、もう消火などしないで一目散《いちもくさん》に逃げることを学んだのだが、「新型爆弾」は空中で炸裂すると同時に強烈な熱線で焼き尽くすので、逃げる暇もないのである。

もうこの時期になると、日本はロープの隅に追い込まれたボクサーが打たれ放題に打たれているような状態で、反撃も一切できず、戦争をしていることすら忘れるほどであった。それでもなお強がりを言っていた陸軍に引きずられて莫大な被害を蒙っていたのである。

『昭和天皇独白録』によれば、八月九日深夜に閣議と最高戦争指導会議が開かれた。海軍は受諾を是とする外務省と同調したが、陸軍が戦争犯罪人処罰と武装解除に反対してまとまらない。結局翌一〇日深夜に鈴木総理から天皇陛下に決断を願い出る形になってようやく阿南惟幾《あなみこれちか》陸軍大臣が折れた。そして、一四日の御前会議、終戦の詔勅《しょうちょく》が一四日夜録音され、翌一五日正午にラジオで全国に放送されることが決まった。その一五日の前夜にもB29はいくつかの都市を焼き、まさに止めを刺す状態であった。ソ連軍の千島《ちしま》・樺太《からふと》・朝鮮への侵入はもっと悲惨な状況を生み出していたが、ソ連の日本への宣戦布告に対し、日本はもう何も応えるすべがなかった。

伯父は、内閣がポツダム宣言を受諾することを一二、一三日頃に教えてくれたので、もう一五日には造兵廠へ行かないことに決めた。はっきりした日付は覚えていないが、その頃のある晩、友人を訪ねた後、かなり遅くなって中野に帰る途上、国鉄中央線に沿った道を登っていたところ、新宿方面から電気機関車に引かれた列車がやってきた。長野行きの夜行列車なのだが、中央線には見慣れない一・二等合造車（半分は一等、半分は二等で、それぞれ横に白色と青色の標識を塗っている）を先頭につけていた。終戦の日も近いので、日本の歴史始まって以来の敗戦に際して何が起こるかわからない中で、皇族のどなたかが東京を脱出される可能性は大いにあった。

実は、私は、その車両に誰が乗っていたのか突き止めかねている。あるいは、もう一つの可能性として、そういう身分の方は誰も乗っておらず、皇室の正統性を示す三種の神器（八尺瓊《やさかにの》勾玉《まがたま》は宮中にあった）の喪失を憂えて、東京を離れたところにある伊勢神宮蔵する八咫鏡《やたのかがみ》、熱田神宮の草薙剣《くさなぎのつるぎ》を東京に運ぶ車両を、東海道線はもう危ないので、中央線廻りで回送していたのかもしれない。そうだとしたら、乗っていたのは宮内省関係の誰かだったことになる。

昭和天皇は、この時期、三種の神器について『昭和天皇独白録』八月九日の項目で、「国体護持の事で……敵が伊勢湾附近に上陸すれば、伊勢熱田両神宮は直ちに敵の制圧下に入り、神器の移動の餘裕はなく、その確保の見込みが立たない、これでは国体護持は難しい」とし、続けて「故にこの際、私の一身は犠牲にしても講和をせねばならぬ」と神器護持への気持ちを訴えられている。

また、『木戸幸一日記』によれば、「七月三一日の拝謁に際して、伊勢神宮と熱田神宮の神器は自分の身辺に移すのが最善と思う。さらに神器すべてを信州へ移すことも宮内《くない》大臣および政府と相談するように」とのお言葉があったとしている。この件を宮内大臣に伝えたところ、すでに内務省と協議を進めているとのことであった。以上の経緯から、中央線を走った一・二等車は、三種の神器の輸送のために準備されたものであるという可能性も考えられる。

†八月一五日をめぐる混乱

八月一五日前夜については、それらを扱った文献も多いし、私は当日何も知らずに過ごしたので、以下の一件を除いて省くことにする。八月一五日、前夜の騒ぎは何事もなかったかのように明けたのだが、近衛《このえ》師団長《しだんちょう》が反乱軍の将校に撃たれて死亡したり、昭和天皇のポツダム宣言受諾の放送録音をめぐってその奪い合いがあった。

それらは鎮圧されたかに見えたが、一五日朝になっても、まだもめごとは続いていた。当時内幸町にあった日本放送協会ビルを反乱軍の兵が襲い、放送室に入り、陛下の放送をやめさせようとした事件である。以下、具体的な事柄は、近藤富枝《こんどうとみえ》著『大本営発表のマイク――私の十五年戦争』に拠りながら述べることにする。そこに一人の女性アナウンサーが登場する。故人となった早川宏《はやかわひろ》さんである。

八月一五日午前四時から五時の間に、日本放送協会は、軍装して血相を変えた何十人かの兵隊に襲われた。彼らの目的は、正午に予定されている天皇陛下のポツダム宣言受諾の放送に先立って反乱軍の意見を放送させろとの要求だった。早川さんは、一四日夜から一五日朝にかけて、放送員として宿直であったが、「朝（十五日）東亜放送をするためスタジオに向かったの。

廊下で血相を変えた兵隊達が走ってきて、いきなり拳銃を突きつけて「戻れ」と叫んで……。「スタジオに入らせてください」とがんばったんだけど」と話してくれた。

このような放送員と、眼を吊り上げ、銃を構えた反乱軍の兵隊たちとのやりとりは、一五日早朝の放送会館のあちこちで起きていた由である。早川さんの場合は、兵の入場を阻止しようとしたのは、早川さんが担当するスタジオ(東亜放送)のある階であった(近藤二〇一三)。

正午に予定されていた、前夜録音されていた天皇陛下のポツダム宣言受諾の放送には直接関係しないかもしれないが、同じ畑中少佐率いる反乱軍の兵士は、一五日当日の朝になっても、なお自分たちの放送を実行すべく、早朝から放送局を占拠していたのである。もっとも、肝心の正午の放送がなされる第一二スタジオに関していえば、同じく近藤の著作によると、畑中中佐自身が、館野《たての》守男《もりお》放送員に拳銃を突きつけ、五時の報道の時間に放送させるよう迫り、館野は、警戒警報発令中は東部軍司令部の許可が必要な事を伝え、部下が東部軍に電話したが、もちろん許可されるわけがなく、兵士たちは「泣きながら退散した」とある。

近藤は、その著書で、館野の応対を「沈着で戦地での経験も感じさせる行動だった」と讃えているが、「早川さんの勇気にはもっと感動した」としている。そして「私たち女子アナは誰も早川さんのように反乱兵に立ち向かえるものであろうか」と結んでいる。早川さんのとった態度、行動は、ある意味で日本の敗戦にあたって国家的行動の第一歩を飾ったものだった、といえるだろう。

その早川宏は戦後、放送局を辞めて勉学に励み、一九四八（昭和二三）年、慶應義塾大学の経済学部に学士入学する。そして何と筆者と同じ経済学部の高村象平《たかむらしょうへい》教授のゼミに入り、机を並べることになった。英語が得意で、英文文献を読むときはクラスで抜きん出ていた。早川さんはその事件のことは在学中一言も語らなかったから、私をはじめ、そのことは誰も知らずに卒業していった。卒業後はバンク・オブ・アメリカに就職して出世し、戦後における女性の社会的進出のモデルとなったほどである。逝去された早川さんのためにも、ほとんどの人が知らない、終戦時の彼女の勇気ある行動について特筆した。

†ポツダム宣言受諾

さて、一五日は晴れた日で暑く、蟬がやかましく鳴いていた。東畑宅の全員がラジオを聴いた。天皇の読む詔勅は荘重な文語体で、かつやや高めの、普段の話し声とは違う独特の音声だったので、受信状態の悪いところではよく聞こえなかったと言う人も多い。しかし、続く下村《しもむら》宏《ひろし》情報局総裁の声ははっきりとポツダム宣言受諾を伝えた。「降伏」という言葉はなかったが、それは間違いなく「降伏」の宣言であり、つまり日本の歴史始まって以来最初の敗北宣言であった。

東畑宅ではこのラジオ放送を聴いてしばらくは全員無言だった。それぞれ思うところがあったのだろう。しばらくして伯父が「何かレコードをかけてくれ」と私を促したので、ブルーノ・ワルターが指揮するベートーヴェンの交響曲「田園」を電気蓄音器にかけた。私がこの曲を選んだのは、第四楽章の「雷雨と嵐」、最終楽章「牧歌――嵐のあとの喜ばしい感謝に満ちた感じ」のところに浸りたかったからである。その後、この曲を聴くたびに、いつもあの日のことが思い出される。

考えてみると、私が生まれたのは一九二九（昭和四）年。一九三一（昭和六）年の「満州事変」に始まり、一九三七（昭和一二）年からの「日中戦争」、そして一九四一（昭和一六）年の「太平洋戦争」と、もの心ついてから、日本は十数年戦争を続けたわけである。その結果日本は、ほとんどの都市は破壊されて焼け野原となり、さらに生活水準は大きく落ち込み、これからどうなるのか見当もつかない有り様になったのである。

しかし、とにかくイヤなものはどけようと、灯火管制のための暗幕類をすべて外した。「終わったね」と言う伯父の声は半分嬉しく、半分辛そうに聞こえた。戦前、ドイツとアメリカで長くシュンペーターを師とし学んだ伯父は、アメリカの持つ強大な生産力について知り抜いていた。そのアメリカと戦うことが、いかに無謀なことなのかも知っていた。知りながら暴走を止められなかった自分を悔いていたのかもしれない。これは推測でしかないが、戦後における彼の活躍も、そのことへの償いであると説明できるように思う。

戦争が終わったからといって、私の家族が疎開からただちに帰ってくるわけではなく、しばらくは東畑宅に寄宿することになった。友人と会ったりするうちに数日が過ぎていった。天気予報が復活したと思ったら台風が来たし、米軍が上陸しマッカーサーもやってきた。東京だけではないだろうが、人々はあてどなく焼け跡を歩いていた。

その頃の私が、具体的にどこで何をしていたのか、実ははっきりしない。ただ、八月も末になって、引本へ行こうとして、東京駅の八重洲《やえす》口で切符を買うべく並んだことは覚えている。それが何日だったかが思い出せないので父親の日記に頼ると、八月二一日には私はもう引本にいた、とある。

引本の地はまさに「国破れて山河あり」だった。濃い緑の山々、深い藍色の海は、優しく私を迎えてくれた。東京のように、眼で見える形で戦争の惨禍がなかったからだろう。この時ほど海や山が静かな佇まいで、優しささえ感じさせてくれた時はない。

父は、この戦争がいかに馬鹿らしい出来事であったのかを真面目に説いていた。津の叔父・叔母の家は二回にわたるB29の空襲で、完全に破壊・全焼したが、住んでいた叔父、叔母、いとこ三人は、火を浴びつつも脱出し、叔父の実家である四日市の郊外、三重《みえ》郡菰野町《ぐんこものちょう》在住の農村の父親の実家に移ったと聞いて愁眉《しゅうび》を開いた。彼女たちも避難に際し、身にナパーム弾の油脂を浴びながらも川に飛びこみ、無事避難した由である。まずは一安心した。

東京にいなかったので、良くも悪しくも、マッカーサー将軍の到着、ミズーリ号上の降伏調印式のこと、連合国（と言っても実際にはアメリカ軍）による日本占領の開始、進駐軍の配置など、日本という国家にとって初めての出来事を身に感ぜずに済んでしまった。それよりも、そろそろ大学（慶應義塾大学予科）の授業も始まるのではないか、東畑邸にいつまでも厄介になっているわけにはいかない。住まいをどうするかという現実問題があり、九月半ば頃、再び東京に向かうことになる。

†三木清獄死事件

代々木への引っ越しの直前、私は「三木清獄死事件」ということの時期に起こった重大な社会的出来事に、端役ではあるが「当事者」として居合わすことになる。詳細は、鹿島徹氏の論文に譲るとして、ここでは筆者が何をしたかについて、事実のみを示しておこう。

九月二六日の夜だっただろうか。東畑の伯父から「三木清が獄死したらしい。お前明日、豊多摩刑務所へ行って確かめてきてくれないか」と言われた。翌二七日木曜日は前日と違い曇天だったが、午前中に東畑宅を出て中野通りを駅から北へ向かい、途中の焼け跡を三〇分ばかり歩いただろうか、豊多摩刑務所に着いた。門衛《もんえい》が威張っていて、「何しに来た」と言わんばかりの態度である。伯父の名前を告げ「三木清氏の死亡について確認しに来た」と言うと、「ちょっと待っていろ」と事務室の方へ行き、やがて戻ってきて、三木が昨日死亡したと伝えた。私はその回答をもって東畑邸へ帰り、伯父に報告した。たったこれだけのことなのだが、これが三木清氏獄死を一般に知らせる第一報になったのである。

同年九月三〇日の朝日新聞は三木の死亡、告別式次第を以下のように伝えている。「三木清氏（評論家）二十六日午後三時豊多摩拘置所で急性腎臓炎で死去した、享年四十九、兵庫県出身、三高講師を経て独仏に留学、帰朝後法大教授　著作には歴史哲学その他あり、告別式は三日午前十時から十一時まで杉並区高円寺四ノ五三九の自宅で行う」

当時の新聞はわずか一枚（現在の半枚）なので、訃報を掲載するのにも苦労の跡がうかがわれる。とにかく三木は治安維持法違反で逮捕され、拘置所で七ヵ月を過ごすという扱いを受け、劣悪な環境のため死亡した。四九歳という年齢は、まだこれからの活躍を大いに期待できる年齢であった。治安維持法の拡張解釈以外の何物でもない理由が死因だとは、いったいなぜ悪法の典型である治安維持法が戦後も残り続けたのだろうか。進駐軍も見落としてしまったこのことを知り、早速内務大臣は罷免《ひめん》され、それがもとで東久邇宮《ひがしくにのみや》内閣はあっけなく潰え、幣原喜重郎《しではらきじゅうろう》内閣に移るのである。

話を戻すと、これを聞いた伯父は方々へ電話をし、遺体の引き取り、葬儀の実行、マスコミへの発表などを行った。私は、自分の役目は終わったので静かにその場を離れ、代々木の新しい居住場所に移った。したがって葬儀にも出ることなく、伯父にサヨナラも言わずに東畑家から消えたことになる。その後、伯父と会っても三木清の名が出ることはなかった。

ここで私自身のこの事件に関する姿勢を述べておきたい。ゾルゲ事件で捕まっていた高倉テルが一九四五（昭和二〇）年二月に、警視庁で訊問中に脱走した。そして三木の住む埼玉県の久喜《くき》市にある疎開先を訪れ、一夜寝食を共にし、寒い季節なので、三木の与えたコートを着て次の知人宅を訪ねる途中で捕縛された。

彼を取り調べた警察が、高倉が前夜三木の家で一泊し、襟裏に三木のネームの入ったコートを着ていたことから、三木が高倉テルという治安維持法違反の容疑者を匿《かくま》ったゆえに、犯罪者として逮捕したのである。三木は以前、共産党に献金したという理由で大学に就職できなくなっていたが、戦時中は政府の命令で、フィリピンで行政のあり方を確立するためマニラに派遣され、報告書を作成している。また、近衛の主導する昭和研究会の有力なメンバーでもあった。さらに、彼自身の研究対象は親鸞《しんらん》に移っており、もはや治安維持法で逮捕されるような研究者ではなかったのにである。要するに、治安維持法の拡張解釈によって捕縛され、監獄に入れられたのである。

寒空の下、人にコートを与えるというきわめて人間的な行為が、危険人物の保護・援助とみなされ、三木は治安維持法違反で逮捕されたのだ。治安維持法を拡張解釈すれば、コートを与えるという善意さえも命取りになるのである。

八月一七日成立の東久邇宮内閣の内務大臣山崎巌《やまざきいわお》が、「治安維持法の存続なくしては治安の維持はできない」と称して、この法律は戦後も存続することになった。そもそもこの法律の制定は、一九二五（大正一四）年、加藤高明内閣の時の産物であり、同時に普通選挙法も制定された。大正デモクラシーの帰結が、最終的にはこのような形で結ばれたことになる。もちろん、その後の改訂（昭和三年、昭和一六年）によって、治安維持法は明白に国家に反抗する者にひどい刑罰を加え得る法律となったのであるが、最初にその種がまかれたのは、大正デモクラシーと呼ばれる時代だったのである。

本書は、現在の状況についてとやかく言う場所ではないかもしれない。しかし、法の拡張解釈が何を生むかについて、このような事例を知っておくことは必要であろう。学ぶべきは歴史である。

第5章　空虚な二年半

†戦争は終わったが

戦争は終わった。九月二六日、三木清の獄死事件の頃までは覚えているが、その直後どうしたかについてはよく思い出せない。東京にいつまでいて、いつ出たのかさえ明確ではない。しかし、ある日、東畑家を出て、代々木駅近くで営業を始めた小山書店《おやましょてん》の一隅に移ったのは確かである。それがいつ頃で、どうやって引っ越したのか思い出せない。慶應の講義も始まっていたはずなのだが、具体的にどこで、どのような科目が開講されていたのかについても覚えていない。記録もなく、はっきりしたことを覚えていない時期のことを書くのは辛いのだが、切れ切れに出てくる場面だけでも書き連ねることにする。

小山書店の入った代々木の家は、当時、駅を出てまっすぐ緩い下り坂を行った突き当たりにあった。大きな家で、書店が入り、編集者で先輩格の高村夫妻が住んでいて、まだ私が居候となる余地のある屋敷だった。確か、安倍能成《あべよししげ》氏のご兄弟が住んでおられた家だった。その方が、戦後東京を離れて住まわれるので、小山書店が入ることになったと聞いたように思うが、間違っているかもしれない。私がそこに居候できたのは、父が書店主の小山久二郎氏と親しく、頼み込んでくれたからであろう。

書店の重心的存在だった高村氏ご夫妻が住み込み、朝夕は食事を作っていただいた。いわゆる賄《まかな》い付きである。戦時中は、食料の配給は辛うじて続いていたが、戦後になると遅配が始まり、その代わりにヤミ市が繁盛した。一〇月には一六歳になる食べ盛りの私に食事を提供するのは生やさしいことではなかったに違いない。そのことを高村氏ご夫妻に感謝したい。

よく覚えているのは、仕事が終わると、書店の皆さんが一同揃って能の謡《うたい》の稽古を始めることである。指導する方がいたのだろうが、戦争には敗けたけれども、日本にはこういう文化があるのだという意識の表示だったのではないかと思っている。その間は、辛うじて持ち込んだ手動の蓄音器でベートーヴェンやモーツァルトを聴くのを遠慮した。また、音楽に関して、書店の誰かから「聴くのなら一流の演奏を聴け」とも言われた。

代々木という場所は、中央線と山手線が使え、小田急の駅も近くにあり、地理的には便利な場所だった。それをうまく利用すれば、慶應義塾大学予科の授業がどこで行われていても行けたはずなのだが、なぜか行く気を失っていた。中学を出て（戦時特例で実質教育期間三年間、形式的には四年間）、それこそ終戦のどさくさにまぎれて慶應に入ったが、何かやり直したい気持ちが強かったのだろう。一中時代の友人と会って話したりしている内に、彼らの持つ旧制高等学校の雰囲気を知り、自分もそれに浸りたいという気分になった。といっても現在の予備校のような所はまだどこにもなく、結局は自習しかないのであるが、一人でコツコツ勉強するのは私にとって至難の業である。あっちへフラフラこっちへフラフラと、ろくに本も読まずにさまようのみであった。

†退学願い

三重県の家族の疎開先までの切符代を残して、嚢中《のうちゅう》すっからかんになると、満員列車に何とか乗り込んで、飲まず食わずで三重県の南端近くまで行き、そこで漁師と百姓仕事を少々してエネルギーを貯え、小遣い銭と父親の持つ文庫本の数冊を懐に、また東京に戻るという暮らしをしていた。

こういう時の暇つぶしに最適なのが麻雀である。この遊びは、小学校の頃から子供の遊びとして知っていたが、さすがに戦争が緊迫するとそれどころではなくなった。しかし、敗戦とともに復活し、東京はもちろん疎開先の三重県の田舎でも、敗戦国民はジャラジャラと牌をかきまぜ楽しんだ。消え入りそうな蠟燭の灯だった。私もその一員となって、いささかこの世界にのめり込んでしまった。囲むのが家族であれ友人であれ、知人であればだれでもよかった。恐ろしや、この一六歳の少年は、もう勉強しないことを何とも思わなくなってしまったのである。

そんなこともあり、代々木の小山書店にいつまでも厄介になりづらくなってきた。いつ、どこへ移ったのかも覚えていないが、翌一九四六（昭和二一）年、私はほとんど講義に出なかった慶應を退学して出直そうと決心する。ところが、そこで生涯で最も恥辱に満ちた経験をすることになる。

終戦の翌年の二月か三月、私は慶應義塾大学への退学願いを書き、それを提出しようと、焼け残った三田の塾監局を訪れた。係の方に申し出ると、その方は学籍簿をめくって、意外にも「速水さんは予科二年に進級していますよ」と応じられた。私は「えーっ、でも学年末試験も全く受けていないのですが」と言うと、担当の方は「学年末試験は行われませんでした」とだけ言って私の顔を見た。

退学届はまだ私の手にあるものの、担当者との中間でどちらかが引き取るのかを待っている。しばらく間を置いて、私は小声で震えながら「そうですか」といって退学願いを自分の服の内ポケットに戻した。何とも情けない、何よりみっともないというか、優柔不断なというか、生涯初めての恥に満ちた行為であった。

それから後も、いくつかの失敗をやらかしているが、あれほど恥辱に満ちた経験はない。あの時、担当の人が「ああそうですか」と退学願いを受け取っていたらどうなっていただろう。

もうその年の入学試験は各大学とも終わっていたから、大学へ進学しても、少なくももう一年は遅れていたし、この「自分史」も全く変わっていただろう。その場の私を救って下さった塾監局の方は、まさに「地獄で会った仏」だったのである。

恥ずかしくて下を向いてトボトボ歩く私は、文字通り落ちぶれた学生だった。しかし、現実には、その事件をドン底に、もうこれより下はないのだと自分に言い聞かせ、気分を持ち直そうと懸命になって生きる道を探すことになる。それならば慶應の学生として頑張ろうという気持ちがようやく出て来たのである。

†終戦当時の経済

私の記憶では、代々木以降、年代ははっきりしないが、鶴見《つるみ》、成城《せいじょう》で二カ所ずつというように、ほとんど半年と長続きせずに引っ越しを繰り返していた。当初は、書籍やレコード、蓄音器などの重量のあるものも、引っ越しを重ねるうちにだんだん軽くなっていった。腹が減ると引本へ行って魚をたらふく食い、東京へ戻るという生活だった。インフレも進んでいた。従来の流通紙幣に代わって「新円」が通貨となり、預金の引き出しも五〇〇新円が限度となった。

他に収入のない一書生にとっては、最低限の生活費しか求めることができず、生活水準は生まれてから最低の水準に落ち込んだ。体がムズかゆいと思ったら、シャツの縫い目にシラミが並んでいた。米軍の兵隊が、一人ひとりつかまえて背中にDDT殺虫剤の粉を吹き込んでいたのもこの頃ではなかったかと思う。敗戦で焼け野原となった東京は、一方では戦争下の恐怖や圧政から解放されたために、雰囲気は明るかったが、一般庶民には初めて知る貧困が待ち受けていた。これこそ敗戦国の経験しなければならない宿命だったのである。

道には、傷痍軍人《しょういぐんじん》が救済を求めて立ち、ある者は立つことさえできず、ござを敷いてその上で憐れみを乞う姿を見せていたが、この時点で内地に帰国できなかった者も多数存在した。それに加えて、簡単に商売のできる靴磨きが出てきて、ひどい場合は、汚れてもいない通行人を捕まえ、無理やり靴を磨いて料金を取る手合いも出てくる始末であった。

配給が円滑《えんかつ》にいかなくなり、消費者に格差が出てくると、ヤミ市が繁盛し、組織化が始まる。売り食いが始まる一方で、カネさえ出せば何でも買えるようになってきた。政府統計においても、「実効価格」といって、たとえば、ある商品を公定価格により（多くは配給品）六〇パーセント、ヤミ市で四〇パーセントで購入するのが通例となっている場合、それぞれの価格を割合に従って合算して求めたりしている。

†鉄道の記憶

当時の交通事情は、現在から見れば信じられないほど混雑しており、長距離の列車から始めると、たとえば東京〜名古屋間を直通して走る列車は、わずか七、八本しかなかった。そこに人々が殺到するのだからどうなるかは容易に想像できるだろう。座席に座ることなど全く考えられず、通路にしゃがみこめればまだいい方で、洗面所に押し込まれたり、寒いデッキに立ち続けたり、私自身の経験で最もひどかったのは、やっとの思いで窓から入ったのだが居場所がなく、やむを得ず背もたれの板の上に乗り、網棚の柵に捕まって東京から名古屋まで八時間近くを我慢し通した時である。手足はしびれ、降りるときは苦労したものである。乗客は不機嫌の極みだったが、誰ひとり騒ぎ立てず、これも敗戦の故だと歯を食いしばったものだった。

戦時中の酷使もあり事故や事件もあったが、鉄道はよく頑張ってくれたと思う。進駐軍専用の列車を優先しなければならず、遅れは日常化していたが、自然現象で一時的に不通になることはあっても、長時間不通になることはなかった。

しかし、個人的には恐ろしかった経験もある。それは引本（最も近い駅は、当時の紀勢東線〈現在の紀勢本線〉の相賀駅）から東京へ戻る時に起こった。この路線は、その名の通り紀伊と伊勢を結ぶ鉄道である。一九五〇年代に紀伊半島を一周する路線として全通したが、それ以前は、紀勢東線・中線・西線と切れぎれだった。それ故、東京から紀勢東線と呼ばれていた時代だが、その伊勢と紀伊の国境には荷坂峠《にさかとうげ》があって、紀伊側から行くとほとんど海水面と変わらない高さの紀伊長島駅から、二五勾配（一〇〇〇メートルの距離で二五メートルの高低のある勾配）のトンネルが続く最後の荷坂トンネルをくぐり抜けると伊勢国に出て、あとは伊勢平野にゆっくり下がって行く。

私の乗った列車は、いつものように紀伊長島駅を発車してのぼり勾配のトンネルをいくつかくぐり、最後の荷坂トンネル（全長二〇〇〇メートル近く）を越えて伊勢国に入るはずだった。ところが、荷坂トンネルに入ると、ただでさえゆっくりした坂登りが、さらに速度を落とし、ガクンガクンと不整になり、とうとうトンネルの入り口近くで停まってしまった。何回もこの線を通っているのだが、このような経験は始めてである。

機関車はいつものC11型で、タンク機関車であるが、荷坂峠を越せないような非力な機関車ではないはずである。運転技術の問題かとも思ったが、それよりも石炭の質が悪く、必要な馬力を出せないのかもしれないと思っていると、列車は逆行し始めた。乗務員の乗っている機関車は最後尾でしかも逆向きである。さあ怖い。もし機関士たちが倒れてしまっていたら、スピードのコントロールができなくなり、どこかで脱線転覆という事態になりかねない。祈るような気持ちでいたところ、どうやらブレーキを効かせながら逆行しているようなので一安心した。それにしてもかなりのスピードで紀伊長島駅に辿り着いた。

紀伊長島駅は機関区のあるところで、給水・給炭の設備があり、機関庫もある。結局今までの列車の機関車を付け替え、一時間以上の遅れで再出発し、今度は荷坂トンネルも無事越えて伊勢側に出ることができた。私は、自分の乗っている列車の機関車故障に二度遭っている。もう一つはトンネル内ではなく、まだ平坦に近いところだったので、特に怖い思いはしなかったが、この時ばかりは再出発した列車がトンネルを越えて、「あー助かった」と思ったものである。鉄道ファンとはいえ、こんな恐ろしい目に遭うのはご免である。

東京と引本との間を年に何回かは往復したのも、東京における生活の不安定さからである。つまり私は、今風に言えば一種の「ホームレス」だった。そうしないと東京では十分栄養のある物が食べられなかったのだ。

†塩焚きと南海大地震

そのような状況の中で、私は友人二人を呼んで、紀州引本で製塩をやり、その最中に、すぐ近くを震源とする南海大地震（一九四六年一二月二一日）を経験することになった。それからもう七〇年以上経つ今日、一般の記憶も薄れつつあるので、少し、自分の体験を記しておきたい。

地震は、午前四時一九分、紀伊半島沖を震源域として起こった。専門家は慎重に断言を避けているように見えるが、私は、この日本の南の海底を震源域とする大型の地震は、続いて二回起こるのが特徴なので、今回の地震は、一九四四（昭和一九）年一二月七日の「東南海地震」とペアになっているものであると考えている。南から年に数センチの速度で北上するフィリピン海プレートが、日本がその上に乗っているユーラシアプレートの下に潜り込み、支えきれなくなった岩盤が跳ね返って地震となるように教えられてきた。

もうこの考えは古いのかもしれないが、ともかく震源に近い大型地震は生まれて初めての経験であり、一九四四年の東南海地震で引本にも津波が押し寄せ、被害を出したばかりなので、夜も明けない時刻の突き上げるような震動に胆をつぶした。

塩炊きのアルバイトに来ていた中村君は、いち早く家の外に出て、裏山のがけ崩れが発する火花に「オーイ、起きてこい。壮観だぞ」と言った。士官学校へ進んだ彼は恐怖を感じなかったらしいが、私は文字通り腰が抜けてしまって起き上がれず、布団をかぶって震えるのみであった。専門書によれば震度五とあるが、実感した者にはもっと大きかった気がする（渡辺一九九八）。

やっと起き上がり、まず心配は津波の来襲である。浜の方へ行くと、地元の漁師達も真っ暗な中で手の打ちようもなく、津波は来るだろうかと海の方向を眺めていた。家屋の倒壊はなかったようだが、明るくなると、後で屋根に重い石を置いた小屋がいくつか潰れていた。

津波というほどの波ではなく、海水面が一メートルくらい上昇したり、下降したりするだけで、この地方は被害を免れた。波は、紀伊半島の尾鷲以南から西へ行くほど高く、和歌山県の潮岬附近では五・五メートルに達している、もっとも、津波の波高はその場所の地形によって大きく影響されるので、高さを強弱の指標とすることは簡単にはできない。

我が家の塩釜もブリキ製の煙突が途中から曲がってしまう「被害」を受けたが、ともかく元へ戻して、塩炊きを続行することには差し支えなかった。それより、繰り返される余震におびえ、そのたびに血の気を失い、実際それが顔面に出るのか、周りから、「また真っ青になって」と冷やかされる始末であった。

†「おじいちゃん〝A〟が三つしかないね」

最悪の事態は脱したものの、それは今から振り返っての話で、当時の自分にしてみれば、怠惰な学生であることには変わりなかった。引っ越すごとに身軽になり、持ち歩くレコードもベートーヴェンだけになってしまったが、これだけは手放さず、逆にケンプの弾く「ワルトシュタイン」ソナタを買い求めたほどである。相変わらず授業への出席率は低かったが、試験だけは受けていた。

ドイツ語は、父親の書棚がほとんどドイツ語の哲学書・教養書だったので、そのなかの一冊、ロマン・ロランの『ベートーヴェン』のドイツ語版を持ち出し、字引を片手に初歩文法を頼りに何とか、そして何度も読んで暗記した。お陰で、Die Luft ist schwer um uns. で始まるその書の最初のページは自然に頭に刻みこまれたので、答案用紙に「自分は東京に住めず、授業に出席できませんでしたが、ドイツ語は自習しました」と断り、「この試験問題には答えられませんが、暗記したロマン・ロランの著作のドイツ語版の最初の部分を書きます。いかなる評価にも従います」と添え書きして半ページくらいドイツ語で埋め、答案として提出した。その先生から、落第点はいただかなかった。

しかし、ごく最近、予科二年生の時の成績通知書がなぜか出てきたので開いていると、たまたまやって来た小学生の孫「佳奈」が覗き込んで、「おじいちゃん、〝A〟が三つしかないね」とやられてしまった。「学校の成績なんて……」と出かかったが、今どき通用するわけではなく、普遍性を持つ試験答案でもないので急停止して、「おじいちゃんは、あまり勉強しなかったからね」とかわした。

Aという評価は三つしかない。ただしその三つはいずれも「史」が最後に付く科目である。確かにこの頃になると、私はもっぱら歴史書を読んでいた。しかも、D(落第点)は一つもない。Aが三つ、Bが五つ、Cが四つで、及第している。つまり一九四七(昭和二二)年四月から、予科三年生に進級したのである。

Aの評価をいただいた科目は、「歴史」「社会経済史」「近世思想史」で、どれも面白かったが、そのうち「社会経済史」は、三田で西洋経済史を担当される高村象平教授が講義をされた。自分の知らなかった歴史の分野が眼前に広がり、学問とはかくあるべしということを習った思いで、三田へ行ったらぜひこの先生のゼミに入ろうと心に決めたのである。ところが、講義がどこで行われたか記憶がない。というのも慶應大学は空襲の被害が大きく、各キャンパスとも被災したので、他校の校舎を借りて授業が行われていたからで、三田に近い別の学校の校舎も使われていたような気がする。

この頃から私は、歴史への関心が深まり、読書も文学から歴史へと対象が変化しつつあった。それでもルネサンスのような文化史には興味を持ったし、古本屋に並ぶ同じ著者によるイタリア・ルネサンス史の著作に何通りもあるのは、よほどこの本が有名な本らしいと単純に考えたからで、最初に読んだブルクハルトの『イタリア・ルネサンスの文化』は（具体的に誰の訳だったのか、何年にどこの出版社から出たものかなどは覚えていない）一方では歴史を学ぶことの奥深さ、持つべき広い知見を教えてくれたのと、他方では、読み終わった後の一種の爽快感を与えてくれた。

自分が、意識せずに成績「A」の評価を得たのが、末尾に「史」が付く学科だけであることを一つの天啓として、この怠け者学生を叩きなおす如意棒《にょいぼう》とした。いつだったたか、同級の宮崎俊行《としゆき》君（慶應大教授を経て、創価大教授となられた）に「君は、いつでも「史」のつく本を読んでるね」と見破られたこともある。その時はブハーリンの『史的唯物論』をかかえたものの、一般の歴史書との違いにさっぱりわからず、弱り果てていたので恥ずかしかった。

Ⅲ 大学入学から常民研まで
——1948-1953

日本常民文化研究所にて（1950年）

第6章

一つの転機と「戦後」

†高村象平ゼミに入る

今から考えると、私にとって「戦後」の空虚が終わり、何か新しいものが動き始めたのは一九四八（昭和二三）年後半からだったように思う。敗戦国日本にも、ようやく復興の様子が見られるようになったとはいえ、経済的にも社会的にも、その水準は到底戦前の域には到達してはいなかった。

この際、私の経験してきた年のなかで思い出も多く、かつ重要な展開年である一九四八年を振り返ることにしたい。ただし、日記をつけていたわけでもないし、カメラも持っていなかったから、出来事の正確な日付や内容そのものを記述することはできない。すべては記憶によるわけだが、それでは想像で書いたことになってしまう。よって必要に応じ、手許にあるいくつかの資料を用いた。以下に列記すると、新聞では『朝日新聞重要紙面の七十五年』、年表では、歴史学研究会編『日本史年表　第四版』や『年表日本歴史六——明治・大正・昭和』などに依拠することになった。

正月はたぶん三重県の引本で過ごしたと思うのだが、どうやら「空虚な二年半」を脱した私は、四月には一八歳と六ヵ月になっていた。それまで、授業にはろくに出席しなかったが、慶應義塾大学経済学部に進学し、学部一年生として、自分の人生はこれからだと意気込んでいたと思う。「歴史」を勉強しようという目標もできたし、慶應でがんばろうという土俵も決まった。そのくせ「人生の偉業成らざらん」と他校の寮歌の一節が自分を励ます歌であるかのように、自然に出てくるのも不思議ではあったが。

慶應義塾大学経済学部に入学（1948年）

四月からの私の生活を変えたのは、経済学、特に経済史に近い講義に出席するばかりでなく、高村象平教授のゼミに入ったことである。もっともこれは「潜り込んだ」という表現の方が正しい。というのはゼミ（演習）というのは学則上、学部二年、三年に置かれている。その学年での合格者が、特に最終学年で卒業論文を提出し、合格することによって、学年終了に必要な「単位」を得ることになる。

私は学部一年だから、ゼミに入っても単位にはならない。つまり成績通知表には成績はつかない。それを承知の上で、高村教授には入ゼミの時「私は学部一年生なので単位は取れないことは知っています。けれども経済史の勉強をしたいのでゼミに入れて下さい」と申し出た。教授は「ああいいよ」と何の条件もなく認めて下さったので、教室の後ろの方で傍聴することになった。しかし教授は、私を正規のゼミ生と区別せずに、英文のテキストを読んで発表させたり、研究発表をあてたりされた。おかげで気楽に一年先輩のゼミ生たちと付き合うこともできた。後に海外留学の時、ロンドンで大変世話になる河村先輩と知り合いになることもできた。

三、四週目に、高村先生が「君たちの卒業論文の題を提出して下さい」と言われ、これには少々面喰らった。二年生であれば、卒業はそれだけ近い将来のことだろうが、こちらはまだ三年もあると油断していて、卒業論文のことは何も考えていなかった。思い出したのは、アメリカ軍が造ったあの日比谷の図書館で読んだ鉄道史の本と、アーノルド・トインビーの『英国産業革命史』である。たぶん次の週が提出〆切りだったと思うのだが「英国鉄道史の研究」と書いて提出した。慶應義塾大学には全国的に著名な図書館があるにもかかわらず、十分に図書検索もせず、あわてて自分の趣味を卒業論文の表題にしてしまった。

その後、私の卒業論文の主題は、鉄道史や産業革命からだんだん時代を遡り、その前はどうだったのだろうかと、とうとう重商主義時代を越え、一四、一五世紀の羊毛貿易に落ち着く始末だったのである（タイトルは、「十四世紀の英国毛織物工業と羊毛貿易——英国重商主義史研究序説」）。これも、慶應の図書館がこのテーマに関する文献を豊富に所蔵していたことと無縁ではない。

†文献との格闘

第二次世界大戦の被害を受けた慶應義塾大学の図書館

慶應三田キャンパスの図書館には、高橋誠一郎先生をはじめ、そうそうたる先学がおられた関係からか、経済史・経済思想史研究については豊富な文献が揃っていた。図書カードを繰ると興味を引く文献がすべて所蔵されていた。専門家でも一九三三（昭和八）年に治安維持法違反で検挙され、豊多摩拘置所で刑に服し、公職に就くことを禁じられた大塚金之助《おおつかきんのすけ》氏は、刑期を終えてから慶應の図書館の蔵書で研究生活を続けられたと聞く。

　私の場合は、初歩の学生の読む程度に過ぎなかったとはいえ、英国重商主義の文献は何でも出てくる感じだった。一冊の本を読むのに何週間もかかるので、出納《すいとう》の方は、毎日のようにやっ

高村象平ゼミのメンバー、前列左が著者（1950年）

てきて特定の著書を借り出す学生を識別して、借り出す著書をいちいち書架に返さず、手近なところへ置く方が時間がかからないと判断されたのだろう。着席し、読みたい図書のカードを出納の方に出すとすぐにわたしてくれた。

私にとっても、席についてすぐに目的の著書にありつくことができ、無駄な時間を省けて助かった。最終的には、John Wheeler, *A Treatise of Commerce. ── Wherein are shewed the Commodities arising by a well ordered and ruled trade, Such as that of the Societie of Merchants Adventurers is proved to be.* という長い副題を持つ一冊の図書が卒業論文にとって中核となる文献となった。なおこの本については高橋誠一郎教授による紹介がある。

話は飛ぶが、この英国重商主義研究は、学問的には一介の学生の習作に過ぎないが、ずっと後になってから、英国のある著名な経済史家の知るところとなった。その内容とは全く関係なく、私がただそういう題で卒業論文（英国風に言えばjunior paper）をあの時点で書いたということだけで関心を惹き、「じゃあその五港特区を廻ろう」と、対象とした地域のドライヴをすることになった。楽しい一日だったが、その人は知る人ぞ知るピーター・マサイアス教授である。

高村ゼミでは、ともかく上記のような卒業論文の表題を提出したものの、実際には何から手を付けていいのかわからない状態のところへ、高村先生は一冊の英文の重厚な図書をぽんと渡された。John H. Clapham, *An Economic History of Modern Britain. Vol. I. The Early Railway Age.* である。「これを読みたまえ」と一言いわれて、そのまますたすたと教壇に戻っていく先生に、「あのー」とも何とも言えず、こんなにぶ厚い学術書は初めて見るなと思いながら家に持ち帰った。

よく考えてみると、先生のご自宅は鎌倉だったので、一学生のためにわざわざ三田の教室まで持参されたこと自体驚くべきことである。たぶん私だけではないだろうから、大学の先生は、このような一種の肉体労働も必要なのかと思った。我が家の父親がこのようなことをするのは見たことがないので、なおさら驚きであった。

ところが、このJ・H・クラッパムの書は、英文が今まで読んできたものとは違って異様に難しい。同じセンテンスを何回も繰り返し読まないと理解できない難物なのである。もちろんそれは、英文で書かれた著作を読む際に研究者が持つべき語学能力を私がまだ身に付けていないからに他ならないが、同時に、産業革命期やその前夜の英国の状態について、邦語ででもある程度の知識を持つことすらしていない自分の未熟さから来るのではないか、とも思った。

そこで、もう少し易しく読める著書をまず読もうと思い、日本語で書かれたものを探ると、何冊かの著作があることがわかり、それらにかじりついたことを覚えている。図書館には、邦語にせよ英語にせよ、重商主義時代から産業革命前夜までのイングランドに関する文献はたくさんあったので、復興した図書館に毎日のように通い、夢中になって読むようになった。

というわけで、私の関心は時代を遡り、遂に重商主義時代にまで行ってしまったのである。そうすると、トーマス・マンのように、一七世紀イングランドの重商主義経済学の中心的存在として、経済学史上の人物や学説をどうしても取り扱うことになる。

とにかく自分が納得するまで掘り下げて見ようという姿勢がつくられてしまったようだ。その代わりに、身なりは、いわゆる慶應ボーイらしくなく、弊衣破帽《へいいはぼう》とまではいかなかったが、ドタ靴、プレスもしてないシャツ、よれよれの上着、ろくにすいてない毛髪——要するに、そういった身の周りのことに手間暇を掛けない格好で三田に通った。意識的にそうしたわけでなく、身の周りを意識しなかった結果、自然にそうなってしまったのである。

†一家杉並へ

どのような経緯でそうなったのかは知らないが、この年の秋から、私の家族は、引本へ疎開していた一同も加え、東京の西郊、杉並区東田町二丁目一九〇番地に二一〇坪の土地、四〇坪ばかりの家屋を求めることができ、そこに移り住むことになった。たぶん引本の速水家から大きな援助があったと思うが、詳細は知らされていない。当時は、阿佐ケ谷《あさがや》駅から南へ徒歩二〇分のこの家あたりが、ほぼ通勤・通学の限界地でここから先は大宮神社まで畑や林が広がり、まだ住居地として連続的に密集していなかった。井の頭線の永福町《えいふくちょう》駅へは徒歩で三〇分以上かかり、現在の広い井の頭通りや、方南町通りもなかった。

したがって、学部に移って講義が三田の校舎で行われるようになると、通学はもっぱら二〇分ほど歩いて阿佐ヶ谷駅から中央線の省線電車に乗ることになった。家を出て、まず未舗装の五日《いつか》市街道《いちかいどう》を横切り、ついで旧地名を残す田端《たばた》交番のところで青梅街道をわたり、現在パールセンター商店街と称されている商店街をつきぬけて中央線の駅へと向かった。混雑は相当なものだったが、新宿で座席にあり付いた時には東京駅で乗り換え田町まで行き、座れない時は新宿で山手線に乗り換えて田町まで行った。通学には一時間以上かかったが、鉄道好きの私は、とくに長いとは感じなかった。

杉並の家は、大雑把にいえば、平屋の家屋が土地の北側にあって、南側には樹木がぱらぱら植えられ、その中間には芝生が広がるという景観を持っていた。前の持主がどういう方だったのかは覚えていない。要するに相対的に広い土地の一隅にポツンと家屋がある格好で、早速父の書斎が母屋につなぐ形でつくられ、母や子どもたちの部屋も継ぎ足された。一番奥の小部屋に私の部屋があてがわれ、勉強も寝起きもそこですることになった。広い客間は堂々たるもので、立派な額がいつもかかっていたし、しばしば来客があり、碁会や酒席が開かれていた。父は戦前からそういった賑々しさを好んだが、戦時中はそれを開くのが困難になり、戦後もよそではなかなか開けなかったのを、無理をしてでも開いて多くの客を集めていた。

母親はその接待で大変だっただろうが、没後の思い出の寄せ書き『いちはつの花』を読むと「いつも笑顔でどんな客にも接していた」とある。出版社、同業者、同窓の人々、碁会に集まる人々、一部の親戚、と交際は広く、話題も幅広かったらしい。到底私の出る幕ではなく、自分にはできない世界だなと思いながら、数年後に新築した南側の別棟の部屋（当初は弟との勉強部屋——後に、私一家の住家となる）で読書や、レコード音楽に浸ったりすることになる。

†父の苦心

三田での講義は、どれを聴いてもそれまでとは違って、やはり「大学」の味を感じたが、特に慶應義塾大学には経済史の特殊講義として、日本経済史をはじめ地域別経済史の他、産業別の講義があり、他のどの大学より多くの講義が並んでいたのではなかろうか。もちろん、必修や選択必修の科目もあったから、経済史だけで済ませることはできなかったが、単位の半分は、経済史、経済思想史で埋めることができた。こうなると、予科時代と違って講義をサボることはせず、出席するのが当たり前の学生になっていた。あれほど熱中していた麻雀熱もいつしか醒めていったし、雀友のE君も、千葉大学の医学部に入学していたから、麻雀どころではなくなっていた。

自分の部屋を持ち、学費を親に負担してもらい、交通費や月々の小遣いまで頂戴する恵まれた環境に一変したのである。そのことがなぜ、いかにして可能になったのか、当時は深く考えたことはなかったが、ごく最近、父親のもう少し後の日記が発見され、それを読んで慄然とした。父親の苦労は並大抵ではなかったのである。

教育費に投ずる費用は、長男の私ばかりではなく、私立高校に通う弟に加え、義務教育を次々終えて進学する三人の妹たちにかかる費用に、父親は「カネガイリマス　キンコンカン」と笑いとばす背後で対策に大変な苦心をしていたのだ。しかもそういう顔は私たちにはおくびにも出さずにいた。しばらく後になり、私自身が自分の子供の教育費を負担する年齢になって、初めて気が付くこの凡庸な自分に憐れみさえ感じる。

一九四八（昭和二三）年も秋になり、「空虚」が去ったのを自覚した。世界は冷戦の時代を迎え、アジアでは、朝鮮半島の南と北に、大韓民国と朝鮮民主主義人民共和国が成立した。中国では、共産党と国民党の争いが共産党優位に進みながらなお続き、東南アジアでは旧植民地の独立運動に拍車がかかり、騒々しさを増してきた。

国内では、一〇月に発足した吉田茂内閣が一九五四（昭和二九）年の年末まで続き、一見安定した政権のように見えるが、重要な戦後改革が次々に行われ、枚挙に暇がないほどである。それらを一つ一つ取り上げるのは他に譲り、本書では、私自身と周辺に起こった事柄を中心に述べていきたい。

第7章 慶應義塾大学経済学部卒業の頃

†事多かりし一九四九年

一九四九（昭和二四）年は身辺というより、世界的にも国内的にも、出来事の多い年だった。前年に占領軍が、農村における伝統的地主と小作の関係と、経済界における財閥の存在を日本における社会悪の二大根源と見て、その解体を強く求めた。国内でも議論の多かったこの二つの問題は法令化され、実行されるに至った。

しかし、その一方で日本を東アジアに迫り来る共産主義への防波堤と認めていたため、この国をあまり弱小国にすることはできず、その経済的安定のために、物価高騰の波に対し頻発するストライキには、これを取り締まる立場に立たざるを得ない、という状況が生じていた。特に、公務員の争議を禁止する法令を出す一方で、岸信介《きしのぶすけ》らA級戦犯被疑者の釈放も行われた。

この年に入ると、三月に来日したジョゼフ・ドッジ公使により均衡財政への移行が示唆され、三六〇円＝一ドルの固定交換レートが設定された。政府は緊縮財政を採用せざるを得ず、そのような最中に下山《しもやま》事件が発生した。なぜこの事件を取り上げるのか。それはこの事件が、数十年後の現在になっても、依然として未解決であることもさることながら、当事者の下山定則《さだのり》国鉄初代総裁が、国鉄の人員整理発表の翌日（七月五日）行方不明となり、翌朝、常磐線の綾瀬駅近くで、無残にもD51型機関車の牽く貨物列車の轢断死体《れきだんしたい》となり、言葉にならない痛ましい姿で発見されたこと、そして最後に、私的には、下山総裁の次男である下山俊次君とは、高輪台小学校時代に非常に親しい同級の友人だったことによる。

誕生日には、お互いの家庭に招いたり、招かれたりする唯一の仲だった。事件から何十年か経った後になっても彼との交友関係は続き、彼がメンバーである日本工業倶楽部で食事をしながら、お互いの状況や世間話をしてきた仲である。その同君の前で、この事件についてあれこれ触れることは避けたい。恐らくこの事件の真相は迷宮入りしてしまうだろうが、ご家族にしてみれば堪えがたい事柄であり、そっとしておいてあげたいというのが本音である。

ともかく、数少ない小学校時代の同級生として俊次君はかけがえのない友人である。私が歩行困難になり外出が困難となってからも、拙宅まで来ていただき、大いに昔を思い出し、久しぶりに愉快な数時間を過ごすことが私にとってはこの上ない喜びである。こういうのを「久闊《きゆうかつ》を叙《じよ》する」と言うのだろう。お互いの長生きを祈り、再会を期したばかりでもある。

†羽原又吉先生

ところで、一九四九年に戻ると、この頃、経済学部の産業別経済史では、羽原又吉《はばらゆうきち》先生（一八八二〜一九六九）の漁業史が開講されていた。先生は、長く水産講習所（東京水産大学を経て現在は東京海洋大学）で教え定年退職されたあと、慶應義塾大学で教鞭をとられていたが、多くの論文を学術雑誌『社会経済史学』に寄稿されていたから、お名前は知っていた。四月になり、その講義が開かれる教室に行くと、聴講者はチラホラ一〇名前後に過ぎなかったが、先生は悠々と懐中時計を出して机に立てられ、関東漁業の成立が関西の漁民によってなされたことから始められた。

私にとっては、講義の初日から新しい知見を得た思いであった。紀伊半島東岸にあり、私の本籍地ともなっている紀州熊野にある母親の郷里を思い出さざるを得なかった。「そして九十九里浜の地引網で収穫された鰯《いわし》が干され、砕かれて、俵詰めとなり、干鰯《ほしか》問屋の手を経て大阪市場に送られ、関西の棉作、菜種作に肥料として用いられたのです」と結ばれ、私は、江戸時代に始まる全国的市場経済の具体的な一例を教えられたことを知った。きちんと学校に行っていれば、こういうことは何かで間接的に知っていたのかもしれないが、出席しなかった報いで、その時になってようやく得た知識だった。その他、漁業史は全く新しい分野なので、学ぶところが実に多かった。

その羽原先生が、夏休み前の最後の時間に「これはすべての人に課すわけではないが」と断られた上で、一つの提出任意の宿題を出された。それは「もし夏休みで地方に帰られる人がいたら、どの時代についてでも構わないので、その地の漁業や漁民に関する古い資料を調査して報告して下さい」というものだった。

私は、母親の郷里である紀伊国牟婁郡引本浦へ行って、探してみようと思い立ち、旧盆で人々が忙しくなる時期が過ぎてから、引本の速水家（母親の生家）を基地として、付近の漁村を回ってみることにした。その結果、紀伊半島の東岸は津波の常襲地帯で、つい数年前の一九四四（昭和一九）年の東南海地震により歴史史料を失ったところもあれば、それ以前の、いわゆる安政《あんせい》東海地震（一八五四）の津波、さらには宝永《ほうえい》地震（一七〇七）による被害が大きく、残存する歴史史料にもそれが反映されていることがわかった。逆に残存古文書の年代から、津波来襲年の推定が可能である。紀伊半島沿岸村——特に東側——では、一七〇七（宝永四）年以前の史料原本を見つけることは稀有だった。

†津波のリスク

ここで少し自伝から離れ、地震学者でもない筆者の「たわごと」かもしれないが、先祖の経験として残された地震と津波の教訓として、以下に我々の住むこの国の持つ自然の特質について略述しておきたい。

というのも、第五章で述べたように、私は一九四六（昭和二一）年一二月二一日に、その引本で大地震に遭い、津波来襲の危険に震えた経験を持っている。あの激しい上下動や、裏山から岩石が落下する最中、私は恐怖のため文字通り腰を抜かしてしまい、起き上がることもできず、布団をかぶったまま揺れが収まるのを待つのみであった。

津波は想定されるような形では来なかったが、あの時の地震と津波を振り返り、冷静になって整理してみると、以下の三点が、その特徴として浮かんでくる。なお、過去に生じた地震と津波の内容については、宇佐美龍夫《うさみたつお》東京大学教授の著作（宇佐美一九七五）に全面的に負うている。その三二七頁に及ぶ大型の著作と巡り合うことがなかったら、おそらく以下のようなことは書けなかったであろう。

日本の太平洋沿岸（関東から九州にかけて）を震源とする海溝性の大地震は、大津波を伴い、一〇〇年から一五〇年の間隔で必ず発生していること。これは私なりに解釈すれば、次のような地殻運動の結果であり、人類がどうすることもできない自然界の脈動である。具体的には、東海地震（南関東～東海）、東南海地震（東海～南紀）、南海地震（南紀～四国）が起きるのは、「フィリピン海プレート」が南東方向から年間三～四センチの速度で北上し、日本の陸地を載せている「ユーラシアプレート」の下に潜り込む地殻運動があるのだが、「ユーラシアプレート」の先端がそれを支えきれずに元の形に戻ろうと跳ね返る。それが海溝性地震であり、一〇〇年〜一五〇年に一度は本州太平洋岸を襲い、甚大な被害を与える。

なぜかはわからないが、この「跳ね返り」は短期間に二度起こる。一九四四年一二月七日と一九四六年一二月二一日、一八五四年一二月二三日と同年一二月二四日（現在ではこの二つの地震の起きた間隔は三二時間であったとされている）、一七〇七年一〇月二八日の「宝永地震」は、宇佐美により「……地震の激震地域、津波襲来区域は安政元年一一月四〜五日の地震を合わせたものに似ているので、二つの地震とも考えられる。そのときは、一つの地震の震源は遠州灘沖、他は紀伊・四国沖となろう。また、この年の一一月二三日富士山が大爆発し宝永火口を作った」とある。

日本は、その面積当たり最多数のプレートの押し合う場所に位置することから、風光明媚な火山や温泉に富むとともに有数の地震国であり、海溝性地震と津波による被害を必ず受ける。さらに、日本以外の太平洋のどこかで発生した地震による津波が、はるばる日本の太平洋岸を襲う例——たとえば、一九六〇（昭和三五）年五月二四日に被害を受けた「チリ津波」——もある。つまり、単に日本が世界でも類を見ない四つのプレート上に位置するのみならず、太平洋の海底で生じた大きな地震による津波にいつ襲われても不思議ではないということが自明の理であることがわかるだろう。したがって、現在問題となっているように、原子力発電所の建設が、津波に襲われる可能性を考慮しているのか否かという大きな問題を避けて通ることはできないのである。

非常に重大な教訓として、日本の、特に太平洋に面する地域では、そういった国土であることを踏まえた上で、海岸近くに原子力発電所のみならず、大きな建築物や交通路線を建造する必要を求められている。それを忘れて、地震や津波で倒壊し、長期間にわたって利用も居住もできないような状態を作ってしまうことは、「天災」というより「人災」——つまり、自然を軽視した罰としか言いようがない。

しかも、もう一つ、地球温暖化は人類の生活水準が向上した結果でさえある。この地方の海岸線は、当分の間後退しつつある。つまり海進が続いている。一年をとれば無視できるほどであっても、一〇〇年経てば眼に見える大きさとなり、津波は何十年か以前の基準に従った場合でも、堤防を越えるか、その引き波で破壊されてしまうであろう。このようなリスク要因が否応なしに広がりつつあるのを肝に銘じなければならない。

私は、生涯に大きな地震に何度か遭遇した。そのような経験と自分の研究分野とを重ねると、どうしても地震・津波という大災害のことが頭から離れない。内陸地域でさえも大洪水という災害に何度か見舞われた二〇一八年を振り返り、ついこの問題に過敏になっているのかもしれないが。

†「楽勝」科目？

閑話休題。そのように、羽原先生の講義は一方的な知識の伝授ではなかった。ところが、学年末の試験になって、羽原先生は驚愕される。というのは、受験者が五〇〇人以上もいて、先生は五〇〇枚以上の答案用紙を採点されることになったのである。学生の間では、先生の講義はいわゆる「楽勝科目」で、一回も出席しなくても、学生の間で写し回されている講義ノートにしたがって、その一部を答案用紙に写し取れば及第（恐らくAかB）の評価を得ることができた。

私は先生に呼び出され「君、こういうことなんだけど、どうしてだろう？」と問われ、答えるのに苦慮した。と同時にこの上なく恥ずかしかった。つい先年、私も講義に出ずに試験を受けた経験があるから同罪といえなくもない。しかし私は他の科目ではあったが、自分の勉強の結果を答案用紙に書き、その評価は講義をされた先生の判断にお任せしますという一句を結びに記している。この点、他人のノートを書き写したわけではない。

尊敬する羽原先生に、慶應義塾大学経済学部の学生の行動を理解していただくのに汗だくになった。ご高齢の先生は、不思議そうな顔で私の説明を聞いていらしたが、一九五〇（昭和二五）年には慶應義塾大学から経済学博士を授与されると同時に、「朝日賞」にも輝き、一九五五（昭和三〇）年には、日本学士院から「学士院賞」を受賞されるなど、理学部動物学科ご出身の先生の漁業経済史上の業績が高く評価された時期だったので、彼自身は全くショックではなかったのだと思う。

†初めての史料調査

そういうわけで、一九四九年の夏休みに三重県引本へ行った。母親の実家を根拠地に付近の漁村に行き、江戸時代の史料の所在を尋ねる試みである。その結果、引本には歴史史料は残されていないことがわかった。恐らく、しばしばこの地を襲った津波に流されてしまったのであろう。しかし、近くの須賀利《すがり》という村には史料があると聞いた。そこへは引本から毎日何便かの巡航船が出ている。焼玉《やきだま》エンジン独特のポンポンという燃料のはじける音を出しながら、引本の港から一度外洋に出て岬を廻り、その奥にひっそりとたたずむ須賀利の集落があった。

村役場を尋ねると、芝田村長は、一学生に過ぎない私をたいへん手厚くもてなされ、自ら役場横の階段を登り、かなり高くまで行ったところにある村有の蔵に案内された。中に入り、古い大きな長持ちの蓋を鍵を使って開け、私に「どうぞ、ご覧下さい」と言われた。古文書とは初対面だったので、いきなり長持ちいっぱいの文書や帳面を前にし、何をどうすればよいのか目が眩んだ。

一番上に、「牟婁郡尾鷲《おわし》内須賀利村御検地帳」と題する冊子体の文書があり、何年のものかと見ると、驚くなかれ「慶長六年一〇月吉日」とあるではないか。慶長五年は関ヶ原の戦いの年で、西暦一六〇〇年と覚えやすい年代に当たり、慶長六年は一六〇一年、つまり一七世紀の最初の年である。関ヶ原の戦いで豊臣氏と関係が深かったにもかかわらず、大名浅野氏は徳川方につき、紀伊国一国は——高野山領を除き——浅野氏の領地として認められることになった。私の卒業論文は、同じ頃の英国重商主義についてだったから、「日本ではその頃の古文書がこんなに簡単に見つかるのか」と思った。実際には、後日、須賀利村の検地帳原本は、何らかの理由で行方不明となってしまい、私の見た検地帳は、一六九八（元禄一一）年の写本であることがわかるのであるが、何か初球でホームランを打ったような気がした。

他の史料は、①地下網《じげあみ》といって、村民一同、一家に一人は参加する「村張りの網」ともいう大型の網漁業、②八歳になった者の名前や、死亡した者の名前、年齢、死因、他村との流出入、など細部にわたる人口の状態や移動が記録されている貴重な人口統計文書などがあり、辛うじて内容も読めた。だが解読できなかった文書も多数あり、近世の村落文書原本（村方文書）を利用して研究するためには、まず古文書解読能力の習得が必要であることを身をもって知った。

九月になり、羽原先生の講義が始まり、私は須賀利村の史料のことを紙に書いて提出した。

先生は「こういった漁村史料の調査を実施しているところがあるから、ぜひそこへ行って報告しなさい」と月島にある東海区水産研究所内の日本常民《じょうみん》文化研究所を紹介された。あの宿題には、そのような背景があったのだ。その研究所は戦前、渋沢敬三《しぶさわけいぞう》氏によって設立された由緒ある民俗学の研究所として出発した。やがて広く社会史、経済史を包摂する庶民の生き方を明らかにし、解明することを研究目標とする独自の研究所となり、戦前に何人もの著名な研究者・研究成果を生みだし、著作や史料集を刊行していた（渋沢一九七二）。戦後は、農地改革に続き、漁業制度改革も叫ばれていたので、漁業・漁民・漁村の歴史を今のうちに明らかにしておこうという目的から、水産庁から委託を受け、研究助成金を得て、全国の漁業史料の調査を始めたところであった。

一九四九年内のいつそこへ行ったのかは思い出せない。銀座四丁目を築地の方へまっすぐ行き、さらに隅田川にかかる「勝どき橋」（跳ね上げ橋）をわたって月島に行き最初のロータリーを右に行くのだが、付近は未開発で、草が生えた空き地の多いところに東海区水産研究所の建物があった。常民文化研究所は、確かその二階の二部屋か三部屋を間借りしていたと記憶する。

応対してくれたのは、たぶん事務長の宇野脩平《うのしゅうへい》氏だったと思う。一通り話を聞いてもらったあと、宇野氏は私に「ここへアルバイトに来ませんか」と言われた。いきなりだったのでちょっと考えたが、卒業論文との兼ね合いもあり、翌年（一九五〇）一月になったら、週三日でという条件で日本常民文化研究所にもぐりこむことになった。ここで、古文書の読み方を習うこともできるだろうと思ったのである。詳細は後述するが、羽原先生の一言がこのような結果を生み、私の人生を方向付けるとは全く考えもしなかった。

†卒業時期の繰り上げ

本来ならば、大学の一年間は四月に始まり三月末に終わる。ところが、私たちの学年は卒業が半年繰り上がり、前年の九月末になった。大学制度の改革により、旧制の私たちと、新制の次の学年の学生が、そのままでは卒業の時期が重なり、それでは就職に困るだろう、という大学当局の親心（?）の結果である。九月だとその直前に夏休みがあるので、事実上は一九五〇（昭和二五）年七月上旬で授業は終わりになってしまう。

私は小学校を五年間と一年飛び級で出たものの、中学は時局から実質三ヵ年と、それまでの五年間より二年短く、大学（旧制高校を含む）は、予科一年が戦争と戦後の混乱。二年の頃は修学意志も住居もなく二、三の科目以外ほとんど欠席。三年になってようやく復学と、実際に教育を受けたのは一年間、学部は本来三年間だったのが、二年半と旧制／新制の変革で半年短縮だった。

どこへ行っても短縮短縮で、合計すると、本来ならば一七年間（小学校六年＋中等学校五年間十大学六年間）の教育を受けるはずのところ、五年半少ない一一・五年で済ませてしまったことになる。年数だけでいうなら、大学（旧制高校や大学予科を含む）へ行かずに終えたのとほとんど同じである。このことが私にとっては大きなハンディキャップとなった。当然持つべき常識が足りず、用いる語彙が限られ、同級の友人が少ない。一匹狼というほどの恐ろしい者ではないが、一匹羊とでもいうべき存在で、集団生活に溶け込めず、何をやっても背伸びをし、結果は中途半端になってしまう。そのことは大いに自戒しなければならない。

新制移行のため、卒業が６カ月繰り上がる（1950 年）

ともかく、一九五〇（昭和二五）年九月末、私は卒業論文「十四世紀の英国毛織物工業と羊毛貿易――英国重商主義史研究序説」を提出した。学科の卒業必要単位数も取得したので、晴れて慶應義塾大学経済学部を卒業することになるのだが、実際には、卒業式には出席しなかった。きわめて私的な理由で家出に近いことをやり、伊豆の西海岸を一人で歩いていた。

†いとこ博子への思いと再会

一九四五（昭和二〇）年六月、私は三重県に疎開した両親・兄弟を訪ね、帰途、津市の叔父（高田徳太郎）の家に一泊した。そこで従妹の博子に、戦争の行方が敗戦に近いことから、しばしの（あるいは永遠の）別れを告げに行った。七月には空襲により彼女の一家は罹災し、避難の途中で背中の荷物に火が付き、川に飛び込むという文字通り命からがらの思いをした。しかし、その後のことは間接的に聞くのみであった。八月一五日やその後の混乱期に彼女はどうしているだろうか、そのことが時折頭をよぎったが、自分のことで精一杯で、手紙の一通も書かずに終わってしまった。

一九五三（昭和二八）年のある日、彼女の父親、つまり私の叔父が急に亡くなったことを知る。一家は地主でもあり、戦後の農地解放によって所有していた耕作地をほとんどすべて手放さざるを得ず、三人の未成年の女子を持つ叔母（高田ちゑ）は、一挙に不幸の底を経験することになる。しかし叔母はそれにもくじけず、戦争により多く生まれた未亡人を組織化した。母子福祉会をはじめとし、山高《やまたか》しげり（三重県出身）らの全国地域婦人団体連絡協議会（地婦連）の活動に参加し、一生を運動に捧げた。さらにリタイア後も明るく元気に過ごし、二〇〇九年、実に一〇〇歳になるまで生き抜いた。その彼女の次女博子の存在が、敗戦直前、私がサヨナラを告げに当時住んでいた津市に行った理由なのであった。

いくら敗戦後の混乱状態とはいえ、もうあれから五年近くも経って手紙一つ書いていないのは、その気をなくしたのだろうと思われても致し方のないところだし、のこのこ行ったら叔母に叱られるかもしれず、なかなかふんぎれできないままでいた。思いきって手紙を書いたのもこの年の秋である。思いのほか好意に満ちた返事が来て、彼女は父親の死で落ち込んではいないと知った。それから後は、お互いに月に一度は手紙をやりとりするようになっていた。

第8章　月島常民研時代

†月島常民研での日々

私が常民文化研究所に在職したのは、大学を卒業した一九五〇（昭和二五）年の一〇月から、一九五三（昭和二八）年の三月までの二年半である。決して長かったわけではないけれども、振り返ると実に大きな経験であった。もっとも、学生の頃から、いわゆるアルバイトで通ってはいたし、慶應義塾大学に移ってからも、メンバーの方々にはそこここで始終お会いする機会があった。その後も永らく交流が続いたためだろうか、あの二年半は、実際の何倍にも感ずるのである。

月島の東海区水産研究所の一角にあった常民文化研究所は、焼け残った古い建物で、若い研究者と、戦前からのメンバーの約十数人で、水産庁から委託された漁業・漁村・漁民史料の調査を活発に行っていた。現業官庁が歴史を主とするこのような事業に数年間にわたり資金を出していたことは、今から思えば驚くべきことであるが、たぶんこれには常民文化研究所の創立者、渋沢敬三氏の力添えがあったのではないかと想像する。

私が勤め始めた当時の常民研は、所長が桜田勝徳《さくらだかつのり》氏、事務長役に宇野脩平氏、所員として、戦前からメンバーであった藤本喜久麿（喜久馬）さんのほか、二野瓶徳夫《にのへいとくお》、五味《ごみ》克夫《よしお》、網野《あみの》善《よし》彦《ひこ》、中沢真知子、江田豊、加藤三代子の諸兄姉、事務に畑山つね子さんがいて、宮本常一《みやもとつねいち》氏、水産研究会に来ておられた服部一馬氏が時々顔を出されていた。

二野瓶さんは東大農経出身だが、あとの諸兄姉は日本史出身で、西洋経済史出身の私はいささか肩身が狭かった。何しろ調査の主対象である江戸時代の古文書は、須賀利浦の郷蔵《ごうぐら》で初めてお目にかかったくらいなので、さっぱり読めない。調査・収集が進んでいる古文書の目録を作成し、重要と判断されたものを筆写するのが仕事である。

この目録を作って下さいとわたされた文書の束を開いて最初の字——確か「恐れ乍《なが》ら」の「乍」——がまず読めない。古文書のプロである藤本さんを煩わすこともできず、隣の網野君に尋ねることになる。というわけで、古文書についてなど、彼や諸兄姉に初歩から教えていただくことができた。皆さんにとっては迷惑な存在だったに違いないが、誰でも知っているような質問にまで親切に答えていただけた。

この点、私は大変幸運だったと思う。わからないところは、まわりの誰にでも聞くことができたし、そのうち頻繁に出てくる字は覚えるようになった。古文書の学習には、確固たるシステムがないとも言えよう。書き手によって書体も違うし、日記や書簡になると今でもお手上げになることが多い。しかし独習はなかなか難しい。字引きが引けないからだ。唯一の方法は「慣れ」である。私の場合、三年間、仕事としてほとんど毎日古文書と取り組んで、何とか一人で読めるようになったが、完璧からはほど遠い。周囲の日本史出身の同僚はスラスラ読んでいるのに、こちらは支え支え教えてもらいながら目録を作り、筆写することになる。

†和年号と西暦年

こうなると、何か自分の方が優位に立つものがない限りコンプレックスに陥ってしまう。そこで考え出したのが、目録作成のために和暦の年代を西暦でも記入する際、いちいち年表に頼らなくてもいいように暗記してしまうことである。これなら古文書が読めなくてもできるので、往復の電車・バスのなかで年代対照表を暗記した。これは今でも覚えていて、宝暦《ほうれき》五年は一七五五年、文化四年は一八〇七年というように自然に出てくる。

江戸時代の年号には、二〇年以上長く続くのは寛永《かんえい》と享保《きょうほう》の二つだけで、一〇年から一五年くらい続くものがいくつかあり、数年間しか続かないものが過半を占める。私の暗記法は、まず末尾が同じ数値の年号を暗記してしまう。たとえば寛文《かんぶん》・天和《てんな》・正徳《しょうとく》・寛保《かんぽう》・宝暦・天明《てんめい》・享和《きょうわ》・文久《ぶんきゅう》の八つは、元年が西暦の末位が一なので覚えやすい。

そこから始め、明治を含めて三七の年号の初年の西暦で覚えるのは、そんなに困難ではなかった。これが役立ったのは、たとえば元禄八年から享保一二年まで何年間あるか、といった計算にすぐ答えが得られることである。現在でも、たとえば昭和二八年から平成一七年まで何年あるかという問いに即答できる人はごくわずかしかいないだろう。実はこの期間は、私が常民研を去って慶應へ移った年と、最後に麗澤大学を辞めた年を指しており、つまり私が大学で何年勤めたかという期間を示している。答えは五二年で、半世紀以上大学に籍を置いたことになる。

年号の問題は、日本の国としてのアイデンティティにも関わるので、不便だと言って簡単に捨てるわけにはいかないだろうが、世界のなかで公式に年号を用いている国は他にもあるのだろうか。年号である時代を示すと、現代では明治・大正・昭和・平成・令和と、よくも悪しくもそれぞれの時代に対するイメージができてしまう。現在のように天皇の在位年と重なるわけでもない江戸時代の年号を西暦年と重ねて覚えるのは容易ではないが、歴史をイメージするには便利ともいえる。

しかし、ある年号のカバーする期間には長短があって、たとえば享保年間は一七一六年から一七三六年にまで及び、前後の正徳・元文年間はそれぞれ六年足らずである。いつか、年号当たりの百姓一揆数という表が出ている論文を見て仰天した。享保年間は長いから、当然一揆数も多い。同様に前後の時代は享保年間の三分の一もないから、一揆数が少ないのは当然である。決して享保年間が社会的に不安定だったわけではない。

†地方調査

年号で脱線してしまったが、月島での仕事の一つとして、地方へ出張して行う史料調査があった。私は旅好きでもあったし、いくつかの地に出張して漁業史料の調査を行った。近いところでは、武蔵五日市へ行って秋川の漁業史料を探したが、一般の地方史料はあったものの、漁業史料は不漁に終わったように記憶する。同じく内水面漁業に関しては、濃尾地方の輪中《わじゅう》地帯にも行き、夏の盛りで四〇度近い暑さに参ったことは覚えているが、史料は得られなかった。しかし、私はそのことをずっと覚えていて、後年この地方は別の角度から何度も調査に訪れることになる。

地方調査先として、渥美半島、伊勢湾沿岸、志摩半島、紀州熊野および西海岸、高知県、島根県などがあるが、忘れられないのは能登半島の先端に宮本常一氏と同道したことである。有名になった鳳至《ふげし》郡時国家《ぐんときくにけ》から始め、輪島から雪道を登ったり降りたりして門前町まで雪の中を歩いた。

宮本氏は、時国家では上時国家と下時国家が、当時我こそ本家なりと主張していたのを、隠居分家の例などを交えて平和的に双方を納得させたし、初めて訪れる農家へ行っても、一〇分と経たないうちにすっかり溶け込んで話をされていた。こうして民俗学者はかくあらねばならぬというお手本を見せてくださったが、さて自分にできるかというと到底できそうにないと思ったものである。宮本氏の地方調査は何しろ年季が入っていて、リュックサックに棒を立てて洗濯物を翻して歩く姿は絵になった。

行った先で、「水産庁××委員会」という肩書のついた名刺を出して文書を探し、これはと思うものは借り受け、月島に持って帰る。今から思うと若造によく貸してくれたなあと思うが、やはり「水産庁」という肩書きが葵のご紋だったのだろうか。実際には、私は水産庁の役人でも何でもなく、水産庁の委託を受けていた常民文化研究所の研究員だったので、複雑な思いをしたものである。

さすがに志摩半島には、漁場論争、村の境界争いなどの古い文書が残されており、その地における漁業の歴史の深さ、人々と漁業の関係の厚さを感じたが、他の場所ではあまり漁業関係の史料は見つからず、「不漁」で帰らざるを得ない場合が多かった。しかし中には、島根県庁に保存されていた明治以降の漁場紛争関係の裁判史料を借り出したところ、県庁の火災により所蔵資料一切が焼失してしまい、常民研に借りていたものしか残らなかったというようなケースもある。

また、一口に漁村文書といっても、公文書の大部分は通常の近世地方文書であり、そのなかに漁場争いや村張りの網（地下網《じげあみ》）関係の史料が含まれている場合があった。網元の家に行けば私文書として漁業関係の勘定帳、金銭出入帳が残されているといった状況である。ただその中で異彩を放っていたのが、月島の研究所の一隅に置かれていた「肥前国彼杵郡《ひぜんのくにそのきぐん》野母村《のもむら》宗門改帳」であった。誰が調査されたものかはわからないが、大きな箱に詰められたこの史料を思い出す。

†宗門改帳との出会い

私は、新制の大学院ができた慶應義塾大学で、野村兼太郎《のむらかねたろう》教授が「日本経済史演習」で近世文書（教授自身の収集された関東農村の文書）を経済史関係の教員・院生全員を集めて解読し、目録作成の授業を開かれたので、それに参加していた。その時「宗門改帳《しゅうもんあらためちょう》」について知り、教授の近世史料に関する三部作『五人組帳の研究』と『村明細帳の研究』に続く一作として考えておられたので論文も多く、しばしば解説された。

したがって、この史料の重要性についてはいささか知るところがあった。このような「宗門改帳」との出会いがあったからこそ、何年かのちにヨーロッパで歴史人口学と出会い、それに敏感に反応できたのだと思う。

日本常民文化研究所のメンバー。後列右から、阿部善雄（東大史料編纂所）、栢野晴夫、五味克夫、佐藤進（東大史料編纂所）、速水融、網野善彦、服部一馬。前列右から、二野瓶徳夫、江田豊、中沢真知子、加藤三代子（1950年秋、和歌山県白浜）

というわけで、長崎を囲む岬の先端にある漁村である「野母村」の宗門改帳のことは忘れられない。歴史人口学を研究分野とする今、野母村宗門改帳は、全点撮影・プリントされて整理も行われ、東シナ海沿岸漁村の貴重な史料となり、この史料を用いた研究も出版されている。

さて、常民研では研究員数名がある地域の調査を行うことが何度かあった。私が直接関わったのは、一九五〇（昭和二五）年に行われた紀伊半島西岸の調査である。ここに示した一枚の写真には、その時参加した常民研全員と佐藤進一氏、阿部善雄《あべよしお》氏（東大史料編纂所）、服部一馬氏らが写っていて、調査終了後の集合地、白浜で宇野氏が撮影したものと思われる。

若手一同はそこから新宮で一泊し、まだ紀勢本線が全通する前なので、木ノ本《きのもと》から当時の「省営バス」(今でいえばJRバス)で矢ノ川《やのこ》峠を越え、尾鷲に出て、さらに巡航船で隣の私の母親の実家に泊まった。いまでも集まるとその話になる。

ところで件《くだん》の写真を撮影した宇野氏は、和歌山に近い粉河《こかわ》の出身で、紀州には特別の思いがあったのだろう。全員が参加する大がかりな調査はあとにも先にもこれ一回だった。だいたい二人一組で各郡を廻ったが、私は網野君と日高郡(中心地は御坊町《ごぼうちょう》)を廻った。由良町《ゆらちょう》から始まり御坊まで一〇日足らずだったが、海外移民を大勢出した三尾村《みおむら》にはしゃれた洋館が多かったことを思い出す。史料はほとんど得られなかったが、紀伊半島西岸は何度も津波に襲われているので、そのせいかなとも思った。

というのは私自身、戦後最大級の一九四六(昭和二一)年東南海地震の際、震源地近くの紀伊半島東岸の海に面した町にいて、後ろの山から岩石が落ちてくるわ、前の海から津波が来るわで、大変恐ろしい思いをした経験を持っている。幸いその時の津波は大きなものではなく、「波」というより、海面がファーッと盛り上がったり、引いたりするのを眺める余裕はあったが、過去にも一七〇七(宝永四)年の地震で大きな被害を出し、一八五四(嘉永七)年の有名な大津波では、東海岸も西海岸も大きな被害を出している。

この網野君との調査では史料はほとんど見つからず、むしろ「不漁」に近かった。しかし夜には宿でいろいろ話す機会があり、中には漁業組合の二人の女性のどちらが「シャン（可愛い）」か、という他愛もない論争（？）もあったが、未熟ながらもお互いの学問論をぶつけ合ったり、社会に対する見方を論じたりできたし、その点で実りは多かった。網野君の主張を私はほとんど論破できなかったが、さりとて全面的に賛成もできなかった。ただ、彼は私より遥かに大人だなと思ったことは事実である。

紀伊半島にはさらに二回出かけ、五〇年の調査では踏み込めなかった田辺から潮岬にかけては一人で、串本、大島へはチームを組んで出かけた。紀伊半島に長期間住んだことはないが、訪れる機会は公的にも私的にも多く、私にとっての故郷である。そうした理由から、「海民《かいみん》」＝海に暮らす人、という概念は理解しやすかった。

今ではすっかり衰えてしまったが、母親の実家のあるところは、昔はカツオの一本釣り漁業が盛んで、明治以降はそれにマグロ延縄《はえなわ》漁業が加わり、遠洋漁業の基地港の一つだった。小学生の頃に遊びに行くと、鰹節《かつおぶし》を作っていた頃の建物が残っていて、燻でいぶすため、柱も梁も真っ黒だったことを思い出す。

というわけで、私にとって海は思い出とともにある。今でも一年に一回は海の香りを嗅ぎに行かないと調子が悪い。網野君が自らの主張のなかでしきりに「海」を強調されるのに、一面ではわが意を得たりという感を持つが、同時に、島国とはいえ日本ほどの大きさになると非海民の方が多いことも否定できない。

歴史上でも、紀州藩は紀伊国と、志摩半島および伊勢神宮領以外の伊勢国南部が領地であったが、終わりに「浦」のつく集落だけが漁業を許され、海岸線を持っていても「村」で終わる集落は漁業を許されなかった。その代わり、「水主役《かこやく》」(のちには水主米となる)と呼ばれる負担があり、米納であったから、米をほとんど生産しないような純漁村では負担ができず、しばしば「未進《みしん》」になり、その調査帳簿も残されている。

†網野善彦君のこと

ここでは、私が網野君に「負けた」と痛感させられたことを一つ記しておきたい。月島以降の話になるが、一九五三(昭和二八)年、朝鮮戦争の終結により「特需景気」が終わり、政府が緊縮財政をとるようになり、常民研への委託費も切られてしまった。その結果として全員が解雇された。私は別の理由で五三年春から慶應義塾大学に移っていたが、皆さんは職探しに大変苦労された。月島解体に当たり、調査史料で未整理のものも少なくなかったが、その整理費用もなく、そのまま常民研が預かる形となったのである。

網野君も、その後一〇年以上高校で教えたが、名古屋大学に職を得て移っていった。そういう環境のなかで、一九七八(昭和五三)年には『中世東寺と東寺領荘園』なる学術書が上梓された。そして、それと前後して、『蒙古襲来』『無縁・公界・楽』といった耳目を集める著作が奔流のように出版される。私は一種の感動をもって読み、その度に礼状を書いたのだが、やがてとうとう読むのが追いつかなくなり、ご著書をいただきましたという礼状すら出さないような非礼を尽くす結果を招いてしまった。このことについて網野君に何とお詫びすべきか、言葉を知らない。

しかもこれらの著作は、どれも日本における「新しい歴史」の展開だった。日本の「国」はいつから始まったのか、日本にいる人々は農民だったのか、「百姓」とは何か、といった疑問は、それまで自明のこととして取り扱ってきた者に、歴史の根源を問いかけることになった。新しい分野の開拓者の宿命として、一方では賛同者も多いが、他方では反対する者も少なくなかった。いや、そのような賛否両論が出て、お互いの間に議論が戦わされることで学問が発展すると考えるならば、網野君の演じた最高の役割は、著書の中味とともに、そのような基本的問題の提起にあったというべきであろう。

そうしていわば功なった網野君が始めたのは「古文書返却の旅」だった。名古屋大学教授のポストを蹴り、常民文化研究所を引き継いだ神奈川大学に移られた網野君は、誰も手をつけなかった月島時代に借りたままになっていた古文書を元の持ち主に返す、という困難極まりない仕事に乗り出された。私など口をはさむこともできないが、半世紀近くも経つうちに社会全体が大きく変わり、当然所有者の代も変わっていた。しかしだれもが不可能だと思っていたその仕事を一軒一軒丁寧にその原蔵者を探し、返却されたのである。

月島時代「水産庁」の肩書のついた名刺で借り出した史料の返却という仕事は、歴史家とはいかにあるべきかを身をもって示したものである。歴史研究者にとって史料とは何かを知っていた網野君は、史料はどこにあるべきか、という根元の問題解決を実践された。その困難さは、私の想像の何倍もあったに違いない。私は、網野君のこの仕事に対するエネルギーと、二〇冊を超える著作を比較的短い間に刊行されたエネルギーとに、相通ずるものを感じる。それは歴史研究への情熱であり、人並み外れた集中力の成果である。

こうなると、その返却の仕事に何もお手伝いできなかった私は、網野君の前にはグウの音も出ず、まさに月島時代よく一緒に唄った「戦いに敗れ」た一兵卒でしかない。しかし、網野君は傍観していた私たちをそのことで蔑んだり恨んだりすることは一切なかったし、自らを誇ることもなかった。このような網野君がいたことで、私たちは史料泥棒のレッテルを張られずに済んだといえるだろう。今、「網野史学」に対し、肯定的な方も否定的な方もいる。しかし、網野君がこのように史料を大事にする学者だったことだけは、誰もが認めるであろう。

網野君の論文は一九九五（平成七）年、フランスで発行されている学術誌『アナール』にフランス語訳された（「日本人と海」『海民と日本社会』所収）。網野君の業績が日本語という壁を破って世界に知られるようになった点で、その意味は非常に大きい（"Les Japonais et la mer." Annales, No. 50, No. 2)。この雑誌は非常に権威のある純学術誌で、これに論文が掲載されることと自体その学問が認められたことといってもいいくらいである。彼の他の論文を日本語で読んだある外国の研究者も、なぜ彼ほどの研究が日本語以外で発表されないのだろうと訝っていた。

日本の学問は、海外から多くのものを吸収して発展してきた。いまやその結果を世界に向けて発信する時代に来ている。理科系についてはもう明らかなことだが、文科系についても、独創的で国際通用力を持った業績はもっともっと外国語で発表されるべきだ、というのが私の持論である。網野君は、『アナール』に論文一篇を発表して他界されたが、誰かが著書あるいは論文集を訳して、海外で発刊できないものだろうか。それこそ、常民研の遺した国際的成果となるのだが。

Ⅳ 歴史人口学との出会い
——1953-1964

ヨーロッパ渡航の途中でピラミッドに登頂(1963年)

第9章　慶應義塾大学の助手として

†助手採用試験を受ける

月島では同僚に恵まれ、多くを学ぶことができた。しかし、同時に将来への不安もあった。こうやって史料調査を続け、その先に何があるのだろうかという疑問である。私にとって、目標は近世日本経済史研究であって、史料を読めるようになることはその手段の一つに過ぎない。経済史のパラダイムの構築や、新しい切り口は、史料散策を続ける中から生まれてくるのだろうか。そういった疑問に答えるには、それこそ万巻の書を読み、考え、苦闘しなければならないと思いをめぐらした。

数年後、研究所が委託費を打ち切られて仕事を探すはめになり、ゼミの指導を受けた高村教授に相談すると、一九五三（昭和二八）年二月に慶應の助手の採用試験があるから受けてみたら、と教えて下さった。ただし、はじめの二年間は「副手」という身分で給与はゼロとのことである。まあ衣食住は親がかえだし、二年間は歯を食いしばってみようと思い、助手採用試験

野村兼太郎教授の勉強会。前列右から５番目が著者（1958年）

を受けることにした。

採用は二名以下のところへ、受験者は三名だった。うち一名は平野絢子さん。学部では野村兼太郎教授、大学院では農業経済学の小池基之《もとゆき》教授の指導を受けてこられてきた方で、よく知っている友人である。もう一人は保険学を専攻する方だった。

卒業論文はともかく、予科の成績まで遡られると、先に示したように私の成績は決して褒められたものではない。面接では、「君はいいところに勤めているじゃないか」と常民文化研究所を知る方から言われたかと思うと、無給副手という条件から、ある教授からは「親父が泣くぞ」と言われたり、あまり学問的な問答はなかった。家に帰ってそのことを報告すると、父親は大いに気に入って「メエメエ親父は泣いている、だよ」と言って笑った。

一九五八年四月から三田の研究室に通うことになった。与えられた部屋は、高等部の入っていた古びた建物の二階にあ

結婚（1956年）

る一室で、経済史関係の助教授・講師・助手が入る部屋だった。島崎隆《しまざきたか》夫《お》助教授（日本経済思想史、農業史）、宇尾野久《うおのひさし》講師（西洋中世経済史）、金《かな》丸《まる》平八《へいはち》助手、渡辺国広《わたなべくにひろ》助手らの先輩と同室で、中村勝己《なかむらかつみ》講師（西洋経済史）は通信教育部に机を持っていたと思う。

部屋には野村先生の収集された近世文書を収めた棚が配列され、そこに五人の机と、「延命会」の机や黒板が置かれていた。薄暗く、決して晴れやかな気分のする部屋ではなかったが、大学の研究室とはこういうものなのだろうと週日はほぼ毎日出て、勉学の本拠とした。私の入る前から、野村文書を使って「近世関東農村の史的研究」が進められ、慶應義塾大学経済学部の機関誌『三田学会雑誌』にいくつか論文が発表された。特に史料の豊富な武蔵国樋《むさしのくにひ》籠村《ろうむら》の研究はその一冊を充てた共同研究の成果だった。全員が現地に赴き、聞き取り調査を交えた由である。

もちろん講義をすることは義務ではなかったが、副手になった時、お前は「日本経済史」をやるのだぞと言われ、おのずと野村兼太郎先生の学部の演習（ゼミ）、大学院の講義と演習には出席することになった。旧制大学院の安澤秀一君、新年度の大学院生として中学で親しかった阿部信彦君、稲森慎二君、龍野ケイ子さん、聴講生の志田節子さんたちの名が浮かんでくる。

†二人の服部さん

この頃、私が非常に世話になった方が二人いらして、偶然にも、その姓はともに「服部さん」である。一人は、常民文化研究所時代に一緒だった服部一馬さんで、一橋大学を出られ、農業経済学を専攻された方である。つい先年、九〇歳の天寿を全うされたが、絵がお上手で、余白に人物の横顔などを描かれたりしていた。

その服部さんが、『日本糖業史』の編纂をされるので手伝ってほしいということで、有楽町にある戦前最後のビル「糖業会館」（確かニッポン放送が入っていた）に週一日行くことになった。倉庫に入っている資料から役に立ちそうなものを選び出し、それを読み取るのだが、何か全体像が見えて来ず、苦労した。それよりも、糖業協会が有している会員向けのビリヤード台に向かってキューを突くのが面白く、四つ玉だったが、ついつい昼休みが長くなってしまった。協会の事務長役をされていた長岡さん（長岡半太郎《ながおかはんたろう》氏の御令息と聞いた）がかなり年季の入った突き方をされ、つい見とれてしまった。

『日本糖業史』は、服部さんがもっぱらお一人で苦心された。私は海外留学などもあり、ほとんどお手伝いもできずに終わったが、苦しかった無給時代を救っていただき感謝に堪えない。

もう一人の服部さんとは、精工舎の御曹子だった服部謙太郎《はっとりけんたろう》さんである。氏は戦時中海軍の主計士官として千島に赴任されていたが、たまたま終戦時には北海道にいたので、ソ連に抑留されずに済み、復員されてからは京都大学大学院で日本中世史を研究され、母校の慶應義塾大学経済学部で助教授をされていた。ちょうど私が助手採用試験を受ける時、研究者を続けるか家業を継ぐかの岐路に立たれ、悩まれた結果、家業を継がれたのである。

そうとは全く知らず、私は日本経済史の助手として採用されたことになる。服部さんは、もう自分は使わないからと、蔵書の和本をすべて私に下さった。おそらく時価数百万円はしただろう。それを運転手の方が服部さんの乗用車に乗せて私の住むアパートまで何度も往復して運んで下さった。『大日本史料』や『大日本古文書』をはじめ、重要な歴史書は史料集も研究書も中世史を中心にすべて揃っていたので、私の貧弱な蔵書は一日にして、たぶん誰も持っていない図書館並みの書棚に変わった。実際には書棚に入りきらず、しばらくは床積みの状態だったが、こんな幸運があり得るのかと服部さんには感謝するだけでは足りない一生の恩を感じた。

†関東農村の研究

研究室の一員となってから、私は経済学部の経済史スタッフが進めていた「近世関東農村の研究」の仲間入りをすることになる。野村教授の収集文書は、主に三田通りの古書店を通じ、仕切り場に出たものを求められたので、村数は多いのだが、まとまったものは少なく、村を単位とした研究はほとんどやり尽されていて、純農村とは言えない豊島郡角筈村《としまぐんつのはずむら》くらいしか残されていなかった。

内藤新宿《ないとうしんじゆく》に隣接するこの村は当然商家が多く、また武家の屋敷もあって、厳密には農村とはいえないだろうが、都市化をみるには最適だったので、私はこの村を対象とする論文を書き上げ、『三田学会雑誌』の特集号に掲載することができた。他に類例がないためか、数十年経って、郷土史を専門とされる方から講演を依頼され、それも会誌に採録されている。

そのほか、現在の杉並区内にある下井草村《しもいぐさむら》の史料を用い、江戸近郊村の農業経営における野菜作りや肥料の獲得について考察したり、深谷宿《ふかやしゆく》の助郷騒動《すけごうそうどう》を一瞥したりした。いずれも深い問題意識を持ったものではなく表面をなぞったに過ぎないが、野村文書のあり方に即したものとして「奉公人請状《ほうこうにんうけじょう》」を集め、年次的変化を追ってみたものもある。最も古いもので慶安年代(一六四八〜五二)で、江戸中期から末期にかけてのものが多かった。

八カ村三二一通に過ぎないが、奉公人請状に示されている給金は、奉公人に支払われたものではなく、いわば身代金であり、奉公人を出す家の主に支払われている。ただ年季は二、三年から一年に短縮される傾向にあり、一九世紀にはほとんどすべての奉公人は一年を単位とするようになった。実際に奉公人に支払われるのは、この史料ではなく「給金帳」と呼ばれる史料で、江戸時代の後期になるが、月に一〇〇文〜二〇〇文が「かし」として新しく奉公人が雇い主に借金することになる。この金額では、一年で銭一貫五〇〇文〜二貫くらいであり、奉公人請状のほぼ半年分に相当する。奉公人は請状の年季が明けても、もう半季ないし一季奉公を続けることになる。

このように、数量的な史料を並べてみると、江戸時代のなかにある変動が見えてくる、というか史料が語ってくれるのである。もちろん江戸時代は、その基礎において年貢《ねんぐ》を取る者と納める者がいる以上、近代社会ではない。年貢は今日の税金とは性格を異にしている。しかし、だからといって江戸時代に「封建社会」というレッテルを張り、明治維新以降を「近代」として、その間に厳然たる線を引いてしまうことに疑問を持つようになった。

そうではなくて、江戸時代の中に生まれた変化に注目し、それが維新をまたいで連続して拡大展開している点に日本の特質があるのではないかと思うようになったのである。また、それを実証するために、断片的にしか捉えられないかもしれないけれども、数量史料を用いた江戸時代の研究が大切だと考えるようになった。後に私が数量経済史へ向かう芽ともいうべき発見である。しかし同時に、関東農村の史料を取り扱っていると、時代とともに紙の質は低下してくるし、漠然とではあるが農村が窮乏化している姿が浮かんでくる。その地を主要な所領とする徳川幕府は、窮乏化する農村から十分な年貢を取れなかったのかもしれないと思うようにもなった。

†太閤検地論争

その頃、経済史学界——より広く歴史学界というべきだろうが——を賑わせていたのは「太《たい》閤検地論争《こうけんち》」である。現実に進められていた農地解放により、それまでの小作農民に地主の所有地が与えられ、日本の地主制が消滅したこともあり、土地所有に関する歴史上の関心が深まっていたという背景もあった。太閤秀吉の行った検地は単なる土地の測量ではなく、検地帳に各筆ごとの農民の名を書き連ねることによって、その保有権が認められたのだとする主張が打ち出され、学界一同をアッと驚かせた。

実際には、このような「太閤検地革命説」は安良城盛昭《あらきもりあき》氏によって一九五三（昭和二八）年に発表されたのだが、彼の主張によれば太閤検地によって検地帳上で土地保有を認められた農民は封建的生産物地代を負担する「隷農《れいのう》」であり、それまでの「古代社会」的性格が払拭された。よって日本史上の大きな時代区分にも関わってくることにもなり、そのため中世史家もまた論争に引きずりこむことになった。

このような最もラディカルな主張に次ぎ、宮川満《みやかわみつる》氏の唱える「相対的革新説」は、一面で太閤検地の革命性を認めつつ、小農民支配の権利を失った有力農民救済のため、「役屋」という特権層を設け、「役屋体制」によって在来の社会のあり方を存続させる余地も残したとする。第三は「事実追認説」で、太閤検地は小農自立が事実として先行しているのを追認したものに過ぎないとするもので、たとえば後藤陽一氏の説がそうである。

私はといえば、これらの説のどれにも賛同できず、太閤検地（秀吉死後の近世初期検地を含めて）は、「村」の確定であり、小字《こあざ》名を持った土地が、各地目に面積でどれだけあるか、すなわち「村」の合計土地面積評価額＝村高はどれだけかを求めるのが第一の目的。そして、その「村」に住む農民のうち、夫役負担可能な家は何戸あるかの測定が第二の目的。そして第二の方は、必ずしも検地と同時に行われなくてもよかった、と考えた。これらのことは決してただの空想ではなく、「紀伊国牟婁郡慶長六年検地帳」の原本約一〇〇冊を検討した結果である。

問題は、各筆の最下段に書かれている人名で、これを太閤検地革命説では土地保有を認められた小農民としたのだが、内容をよく検討すると、近隣村の農民の入作だったり、村内の同一農民の異称だったり、色々な場合が出てくる。要するに統一されていないのである。たとえば、その村に住むある農民が、屋号、姓、役名、名前のいずれかで書かれている場合がある。ということは検地をする側からすれば、極端な言い方をすれば誰でもよかったのであり、要するに「分付《ぶんつ》け」ではないことが示されていればそれでよかったのである。逆に名請人《なうけにん》の中には、近隣村の農民が入作している場合もその名前が書かれたし、屋敷地数より多くなるのは当然であった。

したがって、土地の名請人としてその保有が認められたわけではなく、革命説にせよ、相対的革新説にせよ、その根拠は一切失われるのである。筆者がこのことを記した論文を発表したのは一九五六（昭和三一）年のことで、太閤検地論争がもう下火になった時点であった。そのため学界ではあまり注目されなかったが、当時、慶應大学から神戸大学に移り、活躍を始められていた新保博《しんぼひろし》氏から激励され、また最近になって、水本邦彦《みずもとくにひこ》氏たちが注目していたということを知らされ、太閤検地論争への遅参者も浮かばれたというものである。

このように「革命説」や「革新説」が成立したのは、どの検地条目にも書かれてない一筆ごとの名請人の資格について、わずか一例の事後的な「此《こ》のさき御けんちの時、けんち帳にかきのり候 者《そうろうもの》のさハきにつかまつり、……」という字句にすべてを託したからであろう。この条文が検地条目に書かれていればまだしも、どの検地条目にも「なぜ書かれていなかったのか」について注目する必要があったのである。

太閤検地論争が急にしぼんでしまったのも、人々がこの点に「革命説」や「革新説」の限界を見出したからではないだろうか。しかし太閤検地論争により、石高制《こくだかせい》に基づいた近世社会が、それまでの社会と異なる性格を持った社会であるとする指摘は間違ってはいなかった。そういう意味では、この論争の演じた役割は十分認められるというのが私の立場である。

この論争に参加したことで忘れられない思い出もある。関西で学会があったとき、列車に乗るべく東京駅のホームを歩いていたら、ばったり安良城君に出会った。一緒に行こうと列車に乗り込み、発車するなり食堂車に行き、下車駅近くまで、お互いに考えていることを腹の底まで話し込んだ。彼から「君は勇気がある。俺の敵の敵だ、だから味方だ」という理屈で、新しく刊行され始めた『土地制度史学』に論文を推薦してくれた。歴史への接近法は私と異なるが、長命であってほしかった研究者の一人である。

そして太閤検地論争に参加した人たちも全員いなくなって、私一人だけが命永らえ、結局ここまで至ってしまった。

†助教授に

私は一九五九（昭和三四）年に助教授になった。当時の慣習では、助手を六年勤めれば助教授になるという一種の、階梯制《かいてい》のようなものがあり、私は六年が経ったこの年に助教授に昇格した。助教授になると特殊科目として一つ、それから専門科目を一つ持たなければならない。それから研究会（ゼミ）だ。私は羽原先生が勇退された跡を継ぎ、「漁業史」という科目を担当することになった。それから日吉の第二学年に置かれていた「一般経済史」を担当し、さらに研究会を開いた。

確かに私は、漁村資料の調査や漁村の調査をしてきた。史料整理もやったし、羽原先生の講義も聞いてきたが、さて自分で一年間漁業史の講義ができるかということになると、やはりこれができない。最初の半年はなんとかやったけれども、ネタが尽きてしまった。

「漁業史」という講義名なのに、いつの間にか「農業史」の授業になってしまったわけだ。農業には江戸時代当時、魚の干したもの、つまり干鰯《ほしか》とか干鰊《ほしにしん》とかを大量に使うから漁業が大事なんだという屁理屈で、無理矢理陸に上がって「漁業史」の講義をした覚えがある。

大学の教師というのは、教壇に立って講義をしているとき、学生諸君からみると何の苦労もなくやっているように見えるかもしれないが、実はそうではない。とにかく準備が大変なのだ。講義ノート作りに一週間のほとんどを使ってしまう。講義が終わるとすぐまた次の準備をしないと間に合わない。教室で今日はもう時間がないからやめると言って時計を見るとまだ二〇分も余っているようなことがよくあった。

「漁業史」はまだよかったが、もっと困ったのが「一般経済史」の講義だった。一般経済史というのは、極端にいえば古代から現代までの人類の経験してきた経済の歴史を講義する。場所と時代を問わないので、極端に言えば万巻の書を読み、自分の枠組みを作ってきちんとやるというのが理想的である。なので「一般経済史」のような講義は新米がやるべきではない。これは大家というか、もうある程度完成した人がやるべきだと思っている。

しかし助教授クラスは皆担当させられている講義である以上、拒否はできない。このノート作りに私は七転八倒した。自分のなかで経済史に対する枠組みのようなものができてくれれば、その枠組みにのっとってやればいいのだが、そういうものがまだできていない時期だと、どうしても既存のもの、既存の枠組みとか他人の書いたものによって講義をするという、甚だ不本意なものになってしまう。

しかも「漁業史」と同時にやらなければならない。「一般経済史」を初めて担当した当時は今から考えれば、もう顔が赤くなるような講義だっただろう。しかも「一般経済史」は全員が聴講する必修科目だった。

†野村兼太郎先生の急逝

そういう状態のところへさらに問題が起こった。私が助教授になって二年目早々の一九六〇(昭和三五)年六月二二日に、私の先生でもあり、それまで「日本経済史」を担当されていた野村兼太郎先生が急逝された。

学者らしく、書斎でペンを持ったままの姿勢で亡くなられたが、今から考えるとまだ六四歳という若さだった。もっと長く活躍され、指導していただきたかった。

野村先生は大変怖い先生で有名で、私も褒められたのはたった一度だけ。後は叱られてばかりいた。「もう怒ることがない」と怒られた方もいると聞く。その先生が急逝され、先生が担当されていた「日本経済史」を私が担当することになる。

さあ大変だ。もちろん何の準備もない。「一般経済史」と「漁業史」だけでふうふう言っているのに、更に「日本経済史」の講義、おまけに野村先生のゼミも任されることになった。

前の年から、私は「速水ゼミ」を開講していた。それからその次の年からは、野村先生が担当されていたゼミを持つことになる。ゼミが二つ。しかもこれを一緒にやることはできない。二つのゼミの時間は重なっていないので、一緒の時間にしたら学生諸君の履修予定が狂ってしまう。

後に私は「日本経済史」を長く担当することになったが、この当時私はこの講義に頭を悩ますことになった。

一九五〇年代には、先述した太閤検地論争があった。「太閤検地」と呼ばれる土地の調査をめぐる論争が華々しく展開された。私はそれに首を突っ込み、論文もいくつか書いた。実は私の学位論文も近世初期の検地に関する研究だった。これについてなら何時間か稼げるというわけで、「太閤検地」について何時間か講じ、とにかく夏休みまでもたせて、夏休みの間に秋以降の「日本経済史」の講義の準備をし、当時私たちが共同研究をしていた近世関東農村の研究結果と繋げ、なんとかその年は乗り切ることができた。

「一般経済史」も「日本経済史」もそうだが、やはり自分の枠組みがないとどうしても既存の枠組みに頼ることになる。あるいはすでに出版されている本からとってくる、論文を継ぎ接ぎして講義ノートを作るとか、そういうことになってしまう。これは決して褒められたことではない。

そういうわけで、私は一九六〇～六二年あたりは絶不調というか、不調のどん底であった。「太閤検地」はとにかくやった。でも次に何をやっていいかもわからない。なのに講義の準備は毎日しなければならないという悪循環に陥り、これといった業績も出せないまま過ごしてしまったことを思い出す。そのため、この時期は最も講義が苦しかった時代であり、その時代に私の講義を聴いた方には、この場を借りてお詫びしたいと思う。

第10章 海外留学日記 中東走り歩き――リスボンからゲントへ

†中東走り歩き

戦前の慶應義塾大学では、助教授クラスの若手教員を二年間海外留学に出し、帰国してから教授に昇格させる制度があった。それが戦争で途絶えてしまい、戦後再開されたものの、海外留学しそこなった教授・助教授が大勢いて、順繰りに一学部一人ずつ一年間の留学に出していたが、若手に回るのはだいぶ先のことになる。そこで一九六二(昭和三七)年、高村象平塾長の時に福澤基金が創設され、この基金により、ほぼ一学部一人ずつ三五歳未満の若手教員を海外に出す制度が始まった。

幸い私は一九六三(昭和三八)年、三四歳の時、第二回の福澤基金による海外留学の機会を与えられた。この時期になると、フルブライト基金やブリティッシュ・カウンシルなど海外の基金を得て留学する者も増えていたが、日本経済史を専攻する私にとって、それらの試験に合格することはまず絶望的で、あきらめていただけに非常にありがたかった。加えて、この基金による留学は、何をしにどこへ行くか全く自由で、また合理的な理由さえつけば帰国を延長することもできた。

私はポルトガルへ行き、日本とポルトガルの貿易史を研究するという目的を届け出たが、二度と海外へ出る機会はないだろうと思い、ヨーロッパに着くまでに中東をめぐって行くことにした。何しろ一ドル＝三六〇円固定レートの時代である。

この中東旅行は、巨視的にみて、私の歴史観に決定的な役割を演じたので、旅日記によって詳細に記述する。この稿を書いているいま、その地の一部は人間同士の憎しみによって大荒れの巷となり、半世紀まえ、平和に、出会った人たちと笑いながら歩いた道も破壊し尽くされたのではないかと思う。また案内人を振り切ってよじ登ったピラミッドも、現在は登頂禁止である。その意味では私の旅行は束の間の平和の時期の記録なのかもしれない。

一九六三年二月一〇日（日） 東京出発の日。寒いが天気は上々、風もない。七時半に杉並の家を出て羽田に向かう。環状七号通りは来年のオリンピックに備えて立体交差の工事箇所が多い。八時半空港着、カウンターから乗り場へ、荷物は二〇キロちょうど。見送り人大勢。

エール・フランス一八五便（ボーイング707）は定刻（一〇：〇〇）離陸。生まれて初めての飛行機搭乗である。

こんな狭い席で一九時間か、というのが第一印象。東京上空から千葉県房総半島先端を経て海上へ。やがて雲の上になる。日本を初めて離れるに際し、期待と不安が交錯する。住んでいた一の橋のマンションが予想以上の価格で売れたので、外貨を目いっぱい換えられたのが有り難い。機内はガラガラに空いていて、日本人が二五人くらい、スチュワデスは日本人ではなかった。一時間もすると退屈になってくる。第一信を書く。航空機の旅はこんなものか、と思う。昼食はシャケ、カモなどフランス料理らしいご馳走で満足。

羽田空港を出発（1963 年）

最初の着陸地は香港。トランジットの旅客は待合室で過ごすのだが、何か出口の外は人がいっぱいいてゴチャゴチャした感じ。日本の商品の広告が多い。トイレに行ったらチップが要った。

一四・四〇（以下、現地時間）離陸。香港から日本人が大勢乗りこんだので聞いてみたら舞踊団の方達でカンボジャに行く由。日本のこういう方々が東南アジアで活躍されていることは知らなかった。頼もしい限り。一六：〇〇プノンペン着。畑の中に滑走路と小屋のようなターミナルがある。その団体は全員降りる。待合室は扇風機一つで、二月だというのに暑い。ただ民族独立の清新さは感じた。一七：〇五プノンペン発、一時間でバンコック着、さすがにここの待合室は大きい。古切手を売っていたので求める。夕暮れになったが、次のニューデリーまでは四時間かかる。

日本人の乗客は一人になったが、スチュワデスが一人乗ってきた。聞いてみたら去年から就航した北廻り便はもっと空いている由。夕焼けがいつまでも続く。考えてみたら、太陽を追いかける形になっているからだ。ニューデリーは機内で休憩、蚊除けだろうか、噴霧器を持って機内を回る人がいた。

ここから数時間、座席でうとうとする。〇時ちょうどにテヘラン着。何と雪である。緯度と高度の違いからくるのだろう。静かなターミナルで入国手続き、荷物検査だが、何事もなし。空港からはエール・フランスのサービスバスでパークホテルへ。チェックインして二号室、風呂に入って寝てしまう。

二月一一日（月） 空襲警報のようなサイレンで起こされる。後でわかったのだが、イスラムの人々を礼拝堂に呼ぶミナレットからの知らせである。さらに又寝をしていたら、今度は掃除の人に起こされ、旅の第一夜から寝起きは少々不機嫌である。朝は西洋風のパンとバター、コーヒーのみで済ます。一〇時に下へ降り、ホテルの英語のガイド付きタクシーで市内観光。美術館、先王の墓所では、明仁《あきひと》皇太子殿下夫妻のサインを拝読する機会を得た。モスクは金色と青色で美しい。バザールはさすがに壮観で、喧騒に満ち、商いの原点という観がある。ビザをとろうと思いイラク大使館へ行ったが、東京出発直前に起きたバース党の反乱のためか館員は深刻な顔で「来週来てくれ」ということだった。結局イラクには入れないかもしれない。

昼食をホテルで食べ、午後一人で外に出た途端に怪しげな男に捕まる。どうやらカネを換えてくれということらしい。「日本のカネを持っているか？　アメリカのは」としつこく聞く。そのうち向こうが失敗して、持っていた紙幣を全部道に落として逃げ去った。ホテルで示したら全部偽札だった。危ういところを向こうのへまで助かる。

四時に長い昼休みが済んでデパートが開いたので入ってみる。品物は品質が低く、買おうというものは贅沢品で高い。目抜き通りをブラブラする。日本人は珍しいのか「サヨナラ」といわれたりする。日本製品としてはソニーの電化製品、ダイハツの軽三輪くらいで、ヨーロッパ製が圧倒的だ。群衆は何をするでもなくブラブラしている。こっちもブラブラしているのだが、「勤労的」な姿勢は見られない。

ホテルへ戻り、明日のシーラーズ行きの航空券を求める。異国初日の経験は生まれて初めての驚きに満ちたものだったが、幸い言葉は通じて何よりである。

イラン、ペルセポリスの遺跡（1963年）

二月一二日（火）　五時半、電話で起こされる。六時にホテルを出て空港へ、タクシーでアメリカの老婦人と同席。七時発シーラーズ行きはDC6B型。天気はあまりよくないが、イラン高原を上から眺め興味は尽きない。イスファハンに寄ったのち、一〇時三〇分シーラーズ着。

遠くにハゲ山の見える野原だ。タクシーで約一時間、ペルシャの都の跡ペルセポリスへ着く。ホテルで昼食、案内書などを求める。

一二時半から史跡に入る。やはり「東洋的専制」の見本。壮大な宮殿、門、列柱に圧倒される。ペルシャの都の跡に立って、つくづく「歴史」を感じた。このオリエント古代の終着駅として日本の正倉院を考えることもできるが、ペルセポリスの規模の壮大さは正倉院にはない。この古代文明は、中世以降の文明とは異質なものとしか考えられない。このようなところへ来ると、歴史を学ぶ者の冥利《みょうり》を感じるとともに、この文明を創出するエネルギーは、支配者と被支配者の位置の落差であり、この落差が大きいほど壮大な建築も建設可能なのだろうと思った。

だがその一方で、その破壊が甚だしい。もちろん中には自然災害によるものもあるだろう。しかし、壮大な建築は誰かが作り、そして次の征服者が破壊していったのも真実である。ペルセポリスは紀元前五二〇年に建設が始まり、ペルシャの都として機能したのち、同三三一年にはアレキサンダーによって破壊された。なぜ古代社会では、このような壮大な建築の建設と破壊が繰り返されたのだろうか。一つの課題を与えられたように思った。

客は私一人、「ペルセポリスに佇む」をいつか書いてみようと思い、ぬかるみを歩き回る。四時にタクシーにてシーラーズに戻る。パーク・サーデホテルに投宿。夕食後風呂に入り、古代文明にあてられた疲れでそのままベッドに倒れ込む。

二月一三日（水）　朝七時半まで熟睡、東京以来の寝不足を解消する。朝食後博物館へ。タクシーはなんと日産ブルーバード。博物館の展示品はイスラム以降が多かったが館員が丁寧に説明してくれた。サインを日本語で書く。尋ねられたので日本語だと答えると、この町には日本人がいるとのことだった。モスクは目下修理中。写真を撮ると人垣ができる。昼食を一緒に食べたのはO氏で、外務省の研修生としてペルシャ語を習いにここにあるパーレヴィ大学に留学中とのこと、彼の案内で、大学やハーフェズ（詩人）の墓などを回る。総じてこの町は緑が多く、人々が観光客ずれしていない。素朴で善人だ。

三時四五分のイラン航空でテヘランへ。夕食は空港で簡単に済ませ、ホテルへ戻る。部屋で明日からのカスピ海行きに備え、荷物の整理。

二月一四日（木） 七時半起床。朝食後まず考古学博物館へ行ったが祭日で休み、ゴリスタン・パレスも休み、ついていない。バザールに入る。黒い旗を出しているのは祭日のしるしか。戦後の闇市を思い出させるような雑踏と喧騒。ホテルに戻り、カスピ海行きはホテルのボーイ長アリさん（戦時中は英軍のドライバーをしていた由で英語は達者）がそちらへ行くので便乗、帰途は鉄道にする。一二時すぎにチャルースをめざし、古いアメリカ車で出発。エルブルーズ山脈を越える。天気はよく、上々のドライヴ日和。山脈の風景は素晴らしい。高度二〇〇〇メートルは優に超えている。分水嶺は長いトンネルで一車線。そこを出ると、海水面以下のカスピ海沿岸まで一直線に近い下り坂を一気にかけ降りる。カスピ海沿岸は稲作地帯で、茶や生糸も産し、農家も茅葺《かやぶき》屋根が多く、日本に似たところがある。チャルースでは、アリが家に寄ってくれというので初めてイランの人の家に入る。最初にご夫人に挨拶したら、別の部屋に連れてゆくのでアレレと思ったら第二夫人だった。「そうだ、ここは一夫多妻社会なのだ」とカルチュアショック。

何人か人が集まってきて、日本のことを聞かれたりするが、どうやら農機具を輸入したいらしい。石油以外のものを取り扱う日本の商社がイランに出ているのか知らないので、大使館に行って聞いてみよとしか答えられなかった。チャルースはカスピ海に面してはいないので、タクシーを呼び、運転手君にカスピ海沿いのホテルのある町へといったら、カジノのあるラムサールがいいというので、そこへ行く。

ところがホテルは満員、怪しげな安宿に泊まることになった。運転手君と同室である。隣にはお大尽が大勢の女性を連れ込んで騒いでいる様子だが、そのうち一人余ったのか、運転手君が食らいこんできた。何とセックスを始める始末。素知らぬふりをしていたが、やはり気になって寝られない。さらに済ましたらお前もどうだ、と回してよこしたのには驚いた。結婚と言い、性と言いここは日本とは全く異なる世界なのだ。もちろんお断り申し上げ寝ようとしたが、異質な社会の底辺を見せつけられ、なかなか寝られない。この国へ来て壮大な古代文明に圧倒され、さらに現在住む人々のしたたかな様子にすっかり圧倒され、ノックアウト状態だ。

二月一五日（金） またミナレットのスピーカーに起こされる。八時にラムサールを出て、遠景に何も見えないカスピ海沿いの道を一〇〇キロで飛ばす。沿道の風景は日本によく似ている。比較研究も可能かもしれない。沿岸に近いところで停車して、カスピ海が塩辛いのか否かを試しになめてみる。やはり真水ではなかった。“Lake tasting”をしたわけだ。といって日本の沿岸ほど塩辛いわけでもない。ヴォルガ河などから流れ込む水量と、水蒸気として蒸発する水分が長期的に等量であるという天のなせるたくみによってこの世界最大の湖——それも塩湖——が存在するのだと実感した。これによって、私のイラン訪問の目的の一つは達せられたことになる。

カスピ海の砂浜にて

一一時四五分、シャヒの駅に着く。幸い一二時二五分発のテヘラン行きがあった。テヘランにはこの昼行ともう一本夜行の二本があるだけなので助かった。やがてドイツ製のディーゼル機関車三重連のテヘラン行きがホームに入ってくる。私の乗るのは一等のコンパートメントだが、他には誰も乗っていなかった。食堂車のボーイとおぼしき人が来ていろいろしゃべるのだが、さっぱりわからず、英語のできる人が来て助けてくれる。想像していた通り昼食の注文取りだった。これで断食しなくて済む。

列車はエルブルーズ山脈越えにかかり景色もいい。トンネルが連続し、S型のカーヴを左右に曲がりながら進む。鉄道の旅はやはり最高だ。食堂車へ行き、アラビア文字で品名はわからないが、数字はわかるので検討をつけて注文したら、シシカバブとコーラが来た。まずは及第である。カメラを持っていったら、絶景のところを教えてくれる。親切な人たちだった。

コンパートメントに戻るとイラン人の親子が乗っていた。自己紹介すると、向こうはイランの陸軍軍医父子で、英語を話す。海外で出会う初めての知識人だったので、いろいろ話を聞くことができた。イランと日本、そして世界の政治、経済、技術などについて話し合った。子どもの方もテヘランのクリスチャン系の学校に行っていて、将来英国へ行くのだと言っていた。この会話は楽しかった。イランで知識階級の人と話したのはこれが唯一である。夕食は彼のおごりとなる。二一時一〇分テヘラン駅着、二人に別れを告げ、ホテルへ。荷物を整理して寝る。

二月一六日(土) 六時に起き、早々にホテルを出て空港へ。八時発のパンアメリカン航空でベイルートへ。DC8は安定感はあるが、窓の間が広すぎて外を見るのは不便。雲の切れ目から見える地上は茶色の砂漠である。日記と葉書を書くうちに海が見え、ベイルートに一〇時着陸。予約してあったノルマンディホテルに向う。運転手は盛んに別のホテルを勧めるが、予約してあるのだと言って断る。

このホテルからは海が見える。初めて見る地中海である。部屋に荷物を放り込んでさっそく街に出かける。ここはイスラム的な街ではない。もっとも、住民はキリスト教徒とイスラムが半々の由である。この二つの一神教信者がいまのところ平穏に共存している。さらにはユダヤ教徒もいるし、それらがいくつもの会派に分かれているのだから、平和的共存は珍しい。加えてベイルートはこの地域の商業の中心であり、遊興の地でもある。モダンな高層建築が並び、街には商品が溢れ、両替屋が軒を連ねている。古切手屋で少々買い物をする。この店で日本人の家族に会う。商社駐在員が大勢いるとの事。昼は街頭でサンドイッチの立ち食い。

午後は頼んでおいたタクシーで市内見物。アメリカン大学は緑に包まれ、日本の大学と共通している。そこからダマスカスへの道を標高三〇〇メートルくらいの地点までのぼる。途中にリゾート地、カジノ、ナイトクラブ、バーがある、王侯、貴族、成金の遊興の地である。今はオフシーズンなので閉めていた。ちょっと風邪気味なので、坂を下りホテルへ。薬を飲んで早々に寝る。今日、明日は休養日にしよう。

二月一七日(日) 七時に目が覚める。一〇時間熟睡した。体力も回復したようで一安心。部屋で朝食をとり、下着の洗濯などして過ごし、昼食後カメラを提げて街へ出る。海岸道路沿いにアメリカン大学へ行き、学生向けのコーヒー店へ。続いて市電で博物館に行く。ローマの遺跡の前にあるこの博物館はよくできていて、この地がアジア・アフリカ・ヨーロッパの結節点であること、古代フェニキア人の商業活動、鉄器をもつヒッタイト文明など、出土品や説明を通じてそれらの歴史を知ることができた。ゲルマン民族が文明社会を築く遥か以前のことである。いよいよ古代と中世が繋がらなくなる。

市電はデッキがオープン型なので、ゆっくり走るときは乗り降り自在である。しかも内部はクロスシートで面白い。狭い道をレールを軋ませながらゆっくり走る。車掌も愛嬌があって、写真を撮ってくれという。来年で廃止になる由だ。ホテルへ戻り、明日からのシリア行きの荷物と振り分ける。

二月一八日（月） 七時起床。朝食後タクシーでバールベックの遺跡を通ってシリアへ向かう。バールベックへの道は一気に一〇〇〇メートルくらい昇るので景色もいい。雲一つない好天。バールベックの神殿は案内書によれば、古くからあった社をローマ時代に壮大なものにしたらしい。ペルセポリス以上に石がごろごろしている。夢中になって写真を撮る。一二時過ぎまで遺跡にいたら、タクシーの運転手に「普通の観光客は一時間しかいないが、お前は二時間いた」と言われる。一時間足らずでシリアとの国境に着く。

イラクの政変で国境は第三国人にしか開かれていない。こちらはビザがないので心配だったが、いくらかの料金で発行してくれた。荷物や注射の検査は一切なくシリア側に入ったものの、ダマスカス行きのバスは見当たらない。困っていたらシリアの軍人が「ダマスカスへ行くのか」と尋ねるから「そうだ」と答えたら、「じゃあ連れて行ってやる」とジープを回してきた。後席に二人のシリア軍将校に挟まれ、捕まったお尋ね者のような格好でダマスカスへ向う。

一人は英語を話すのでダマスカスまでの一時間、あまり今回のイラク政変のことには触れず、歴史の話をする。ホテルへ着いたがこの町一番のホテルらしく立派。荷物を部屋に放り込んで街に出る。早速必要な明日のアレッポ行きの航空券と地図。あわてているので、モスクの前で転ぶ。

体裁が悪いので靴みがきに靴をみがかせる。昼食を食べそこねたが、旧市街だけは見ておこうと歩き出す。

まず博物館へ。さすがカリフの居たイスラムの根拠地だけあって、イスラム文化の精髄が陳列されている。街を通ってバザールへ。ここは驚いた。屋台車、ロバ、馬車、自転車、歩行者が溢れているところに自動車が割り込んでくる。こんな雑踏は生まれて初めてである。そこを出ると市電が走っているが時間がないので残念ながら見送り。これに対して新市街は整然としている。両者は融合せず、独立して存在しているように感じた。

いったんホテルに戻り、出直し、近くの小店で絵葉書などを買う。やたらに体重計があるのはなぜなのだろう。ホテルで日本人に会ったが、丸紅のベイルート支店の方だった。九時半にベッドに。


二月一九日（火） 六時半起床。朝食抜きで七時四五分シリア・アラブ航空のオフィスに行き、バスでダマスカス空港へ。一人でウロウロしていたら国際線のトランジット客用の待合室に迷い込んでしまった。折からアリタリア航空のカラベル機が離陸するところだった。やっと国内線の乗り場を見つけ八時三〇分発のアレッポ行きに乗る。古いＤＣ４だった。心細かったが、一時間半砂漠の上を飛んでアレッポ着。

途中砂漠を掘って作った地下用水路の穴をたくさん見た。乗客は、服装からいろいろな宗教の人たちだとわかった。十字架からキリスト教の坊さんだとわかるが、何派かはわからない。トルコ帽の人やイスラムの人など実に多様だ。

ターミナルからタクシーでホテルへ。荷物を置いて街に出る。案外大きく、街は整っている。市電も走っていた。古城へ行ったがなぜか閉まっていた。博物館もダメ、ついていない。

鉄道の駅へ行こうと思って歩いていたら、四人連れの人に出会ったので道を聞いたら、どこから来たのかというので日本からだと答えた。そしたら、自分たちはここにあるリセの教師だと、わざわざ駅へ連れて行ってくれた。駅でベイルート行きの列車の時刻を聞く。ちょうどアメリカ人がいたので一緒になる。彼らの言うには、ベイルート行きの列車は明日からで、もし明日出なかったらレンタカーで行くから七時に駅で落ち合うことにする。ちょうど古い蒸気機関車が三等客車二両、貨車一〇両ばかりを引いて出てゆくところだった。懐かしい混合列車である。これに乗りたかったのだが、レバノンには行かず、シリア国内止まりの由。

ホテルへ戻る道を歩いていたら、件の四人連れに追いつく。なかなか愉快な連中で、一緒に昼食に行った。出てきたものを食べてみろというので、口にいれたところピリ辛。これがシリア料理だそうだ。公園を突き抜け街へ出る。映画を見ようということになり、入ったら何とチャップリンの『モダン・タイムス』だった。全員腹を抱えて笑う。アレッポでチャップリンを観るとは全く予想外だった。別れてホテルへ戻る。

荷物を片付け、また街へ出る。レストランの晩飯はこれまた辛かった。歩いていたら、件の教師の一人にまた会う。自分の家に来ないか、と誘われる。英語をしゃべる友人を見つけてきて郊外の彼の家に行く。有力者らしい。親父さんは四人の妻を持ち、子どもは十数人いるとのこと。彼は末っ子で法律を勉強している。今夜はだいぶ突っ込んだ話をする。イスラムのことをもっと知りたくなる。確かに国家統一のために必要なのだろうが、どうしてもわからない。逆に日本の宗教のことを尋ねられ、悪戦苦闘する。夜一一時に出てバスに乗りホテルに戻る。旅慣れてきた感じがする。アレッポは遺跡や博物館にこそ行けなかったが、人（全員男性）に会い話をするという貴重な経験だった。

二月二〇日（水） 六時半起床、七時に駅に向かう。トリポリまでの切符を買いホームに入る。ちょうど今日から運転を再開したバグダッド発イスタンブール行の国際列車が入ってきた。古い蒸気機関車が、ワゴン・リッツの客車＋一・二等合造車＋三等車の客車三両と貨車一〇両の国際混合列車！ 三等車はすし詰めの状態だった。残念ながら今回乗るのはディーゼルカーだが、一両が荷物室、一棟、二棟、三棟と四つの部分に分かれている。

昨日会ったアメリカ人も現れ、同室となる。ベイルートのアメリカン大学で教えているとのこと。同業のよしみで話が弾む。一人は五年前に日本に行ったが好印象をもったと言っていた。八時発車。一路南下する。土で作ったキノコ型の家があったり、何百メートルも続くような畝《うね》、放牧地、やはり異郷である。一人が一眼レフ型のカメラを持っているのだが、使いにくそうなので説明する。サンドイッチをもらった。向こうはこちらのキャノンを見て「おー、キャノン」と言っていた。キャノン・ニコンは今や世界商品となっている。ピレンヌを読んだかと聞くので、『ヨーロッパ世界の誕生』は二〇世紀前半の歴史家の書いた最高の作品だ」と答え、しばらくピレンヌ談義が続いた。

一時に国境着。鉄道で国境を越えるのは初めてである。シリア側では旅券のみ、数分行ったレバノン側では荷物検査がある。カメラで引っかかったが、"You are professor"で通してくれた。レバノンへ入ると周囲が緑色になる。やがて海が見えてきて二時トリポリ着。皆にサョナラしてここで降り、観光。十字軍史跡の城は永久的な建築で、十字軍が本気になってこの地を異教徒から取り戻したいと思っていたことがわかる。隣のモスクに入る。ここはパキスタンの人が堂守《どうもり》をしていて親切に案内してくれた。五時、ベイルート行きのタクシーを見つけて、巡査と同乗で海岸沿いの道を飛ばす。一時間でノルマンディホテルへ。夕食は街で。

二月二一日（木） 七時半起床、件の運転手の案内でベイルートめぐり。少々高いが、説明は完璧である。レバノン公の宮殿、レバノン博物館の陳列は豊富で景色もいい。サイダ（Saida）に向かう。港の近くに人工島を造って要塞化したものである。十字軍はここを永久のキリスト教支配地としたかったのだ。海の色はやや水色がかった素晴らしい藍色、褐色の要塞と調和している。一九五六年の第二次中東戦争のためだろうか、そこから先には行けないとのことでベイルートへ戻る。昼食の後、ビブロスでフェニキア時代の遺跡、ローマ時代の劇場や神殿を廻る。アメリカ人の団体客が多い。五時半にホテルに戻り、夕食は同じホテルであった日本人のH氏と。三菱信託の人だった。

二月二二日（金） 八時起床、朝食後荷物の整理。いよいよアジアともしばらくお別れである。小包を二つ郵便局から送る。昼過ぎに例の運転手の車で空港へ。四時のエジプト航空でカイロに向かう。満員で外は見えなかったけれども、途中で乗客が立ち上がっていざこざをおこしたので、機は揺れたが、地中海の上を飛んで六時にカイロの空港に着いた。ここの入国審査はずいぶん時間がかかった。カメラや交換レンズ、八ミリの撮影機、所持の現金やトラベラーズチェックなどいちいち目的を聞かれる。最終的にはここでも“You are professor”で解放される。建物から出ると、バクシーシの声が一斉にかかる。観光客が多いからだろうか。

タクシーで予約してあったセミラミスホテルへ行ったが、満員だと言われる。東京での予約はどうなったのだろう。案内書にあったセファーズホテルへ行ったがここも満員。さらにアトラスホテルも駄目。ようやくそこで会った旅行者の人がチューリップホテルを教えてくれたので行ったら夜一二時に一部屋空くという。

もうここしかないので、荷物を預け、まだ八時だし街を歩く。地図と案内書を求め、向かいのレストランで簡単に夕食を済ませ、辻待ちのタクシーに乗る。この運転手が面白い人で、自分はギリシャ生まれだという。理由を話して、一二時に泊まるホテルに着くようにしてもらい、私は助手席でカイロの街を回ることになった。

ナイル河を渡ったり、二、三回ドアの開け閉めをしたら、一〇時半に彼のバーに連れて行ってくれた。ギリシャ系の人々の集まるところらしい。ワインを飲みながら、店の主人、その夫人、お客とおしゃべりをする。こういうところの庶民は好意的だし、屈託がない。若いギリシャ人形のような女性が上手な英語で日本のことをしきりに聞く。できるだけ丁寧に答えたが、「ゲイシャ」についての質問には参った。なにしろこちらもよく知らないのだ。また一人の客がアラブの文学の話をしてくれる。「お前はKHAIYAMIか?」と聞かれたが、「ハーフェズなら知っている」と答えたりして、大いに楽しんだ。

一一時半を過ぎたのでチューリップホテルに行き、チェックインする。大きな建物の三・四階で十数室の小さなホテルである。夜になったし、位置はさっぱりわからない。

二月二三日(土) 朝食後、昨夜運転手と別れた店へ行く。九時の約束だったが、三〇分遅れてやってきた。その間コーヒー店の少女としゃべる。一〇時前に日本大使館に。S夫人は二月に帰国した由で、すれ違いだった。ロンドンからの郵便は来ていない。エジプト博物館へ。壮麗な建築である。案内人につかまる。しまったと思ったがもう遅く、一時間ばかり案内してもらう。ともかくここの陳列は古代社会の模型のようなもので、圧倒される。なにしろエジプト六〇〇〇年の歴史が詰まっているのだ。ツタンカーメン王の遺物が最高だった。写真やスライドを求める。いったん宿に戻り、カメラ一つを持って出直す。昼食は簡単にし、Citadel へ行く。大きな城塞だが宗教的存在というより見世物化した感じ。バクシーシの声が多いのには閉口。バスに乗って広場へ出て乗り継いでギザのピラミッドへ行く。ちょうど夕日が落ちるところで、ピラミッドが逆光で撮れた。帰りはタクシーにする。

宿に近い床屋で散髪一式する。値段は日本と変わらないが、ぼられているのかもしれない。夕飯を食べていたら旅行業者につかまった。ルクソール行きの件なのだが、列車の切符とホテルの予約を頼んだのだけれども、どうもはっきりしない。飯をおごるとさえいう。何かプラスアルファが欲しいのだろうか。仕方ないのでコーヒー代を払ってお引き取り願う。ルクソールが駄目ならもう一度ギザへ行こう。もちろんカイロには昨日の運転手やバーに集まった人たちのような善人もいるのだけれども、バクシーシと"May I help you"が多すぎる。これがカイロなのだろう。

二月二四日（日） よく寝た。朝食後ピラミッド登頂用のゴム靴、カーディガン、替ズボンにカメラ三つという出で立ちでギザに向う。バスで九時半到着。一番大きいクフ王のピラミッドに行くと案内人がワッと寄って来た。速足で潜り抜け、勝手に登頂を始める。遠景では三角形のピラミッドも、縦一メートル、横二メートルくらいの石を積み上げたもので、苦労するところもあるが、風化しているので足をかける箇所が多く、登頂は比較的容易である。

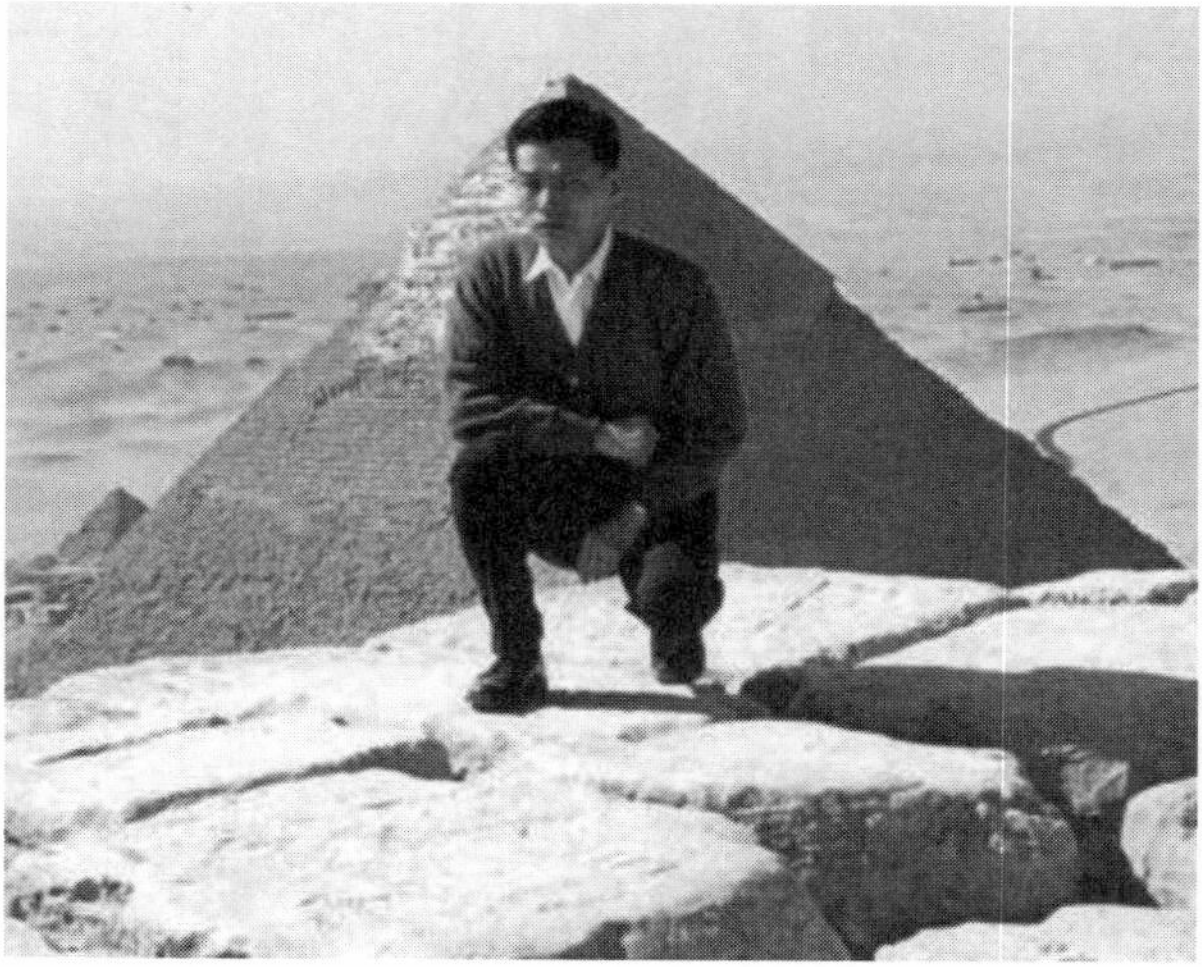
ピラミッドに登頂（1963年）

しばらく登ったところで下を見ると、ガイドが一人、衣を翻しながら追ってくる。つかまるものかと懸命になって登る。段々顔に当たる風が涼しくなってくる。東の角を登ったのだが下を見ると怖くなるので、一気に頂上を目指す。一〇時二〇分登頂。頂上は一五メートル四方くらい平らになっていて、ドイツからの先客もいた。ふと気が付くと件のガイドが登ってきてガイド料を要求された。逃げ場がなくなり、仕方なしに何がしかの料金を払ってお引き取り願う。

さて、ピラミッドの頂上からの展望は、晴天だし、筆舌に尽くしがたかった。エジプトへ行ったら、ピラミッドへ登れと勧めてくれた畏友阿部信彦君にまず感謝する。農林中金に職を持つ彼は、一年前に会議がカイロでありこの地を訪れたが、ピラミッドへ登頂して感銘を受けた由である。

西はサハラ砂漠がどこまでも広がり、地平線は砂煙ではっきりしない。東はナイルの緑野でその色の対照が素晴らしい。そしてその境界にピラミッドが北も南も地平線まで何基も見える。人間が四〇〇〇年以上以前に造った、高さ一三八メートルという最大の建造物のてっぺんにいるのだということだけでも今日は特別な日にしたい。今日の日付も二×二＝四（ににんがし）と覚えやすい。

しばし瞑想したが、やがて歴史の学徒として、この最高の古代遺跡はいったい何なのか、なぜ現在の技術でも建設に途方もない費用・エネルギーが必要なものができたのか、造らなければならなかったのか、可能だったのか、理屈を考えてみた。

もうイラン以来古代社会と向き合って驚嘆を続けてきたのだが、このピラミッドに来て、従来考えてきた歴史観を捨てざるを得なくなった。従来の歴史観では、人間の歴史は、原始時代はともかく、古代→中世→近代という系列の上を歩むもので、それを発達とか発展と呼んできた。だが、ピラミッドの上に立ち周囲を眺めると、古代のあまりの壮大さに対し、それを造り出したものは何だったのか、という疑問が沸いてくる。

何よりも、これを継承した者はいないのである。つまり、このピラミッドのように実用性が全くないものを造り上げた古代社会は、歴史に終わりを告げたのであり、中世は古代を引き継いだものではないと考えざるを得ないのだ。中世と近代の連続性はわかるのだが、古代と中世がどこかで連続しているとはどうしても考えられなくなった。中世は中世で、この古代を引き継いだのではなく、ことによったら原始社会から生まれたのかもしれない。こういった歴史観の転換が天啓のように頭のなかを廻った。

これは大きな課題だな、と思いながら一一時一〇分、降りにかかる。降りるときはどうしても下を向くので登るときより慎重にしないといけない。にもかかわらず石角にカメラをぶつけてしまう。だいぶ降りると内部に入るところがある。ご胎内というわけだ。頭をかがめ、這うようにして進むところもあった。最も奥は広い平面になっていて、王の棺が置いてある。壁面は造った時のものかどうかはわからないが、とにかく立派な壁でできている。空気の取り入れ口までついている。さらにお妃の棺もあり、その設計、建設技術に感嘆する。

外へ出て案内人に今度は一ポンド気前よく渡す。コカコーラを呑み休憩していると、隣にいた夫婦連れが話しかけてくる。コプト派のクリスチャンの由、裁判所に勤めているという。話が弾み、日本の宗教事情になると、不可解だという。私も不可解なのだから当然だろう。スフィンクスの方へ行く。砂漠を走ろうとタクシーをつかまえる。ガイドが勝手に乗ってきたのは不愉快である。タクシーはメーター制だし、運転手も概していいのだが、このガイドというのが旅を不愉快にする。

他に何もない砂漠のなかの道を三〇分ほど走って砂漠の「におい」を満喫する。ガイドは何も案内することがない。バス停まで戻って運転手にメーターに出た額とチップを払う。ガイドが二ポンドくれという。頼んだ覚えもないので知らないふりをする。あまりしつこいので二五ピアストルだけ渡す。"What is this?"というから、"That's all."と言って腕を組み、何も払わないことを示したら、やっと立ち去った。せっかくピラミッド登頂で意気軒昂《いきけんこう》になっているのに、その気分を壊されるのはかなわない。

宿に帰って砂を払い落とし、街へ出る。またまた旅行社の男と出会う。昨日約束したのに、結局ルクソール行きは何も進展していない。考えてみれば今は日本でいえばゴールデン・ウィークなので、列車も宿もとれないのかもしれない。「もういいよ」といって追い返す。エジプトはこういう連中を取り締まらないのでだいぶ損をしているのではなかろうか。ぶつけたカメラを調べてみたら、絞りのリングが傷んでいることがわかった。キヤノンはスイスのジュネーヴに支店を置いているので、そこへ持ち込んでみることにする。またまた航空機の経路変更だが、今日は日曜なので、明日行くことにする。

ホテルのボーイはまだ少年だが、なかなか親切である。洗濯物を揃えて持ってきてくれた。夕食はイラクの写真技師と同席になる。モスクワからの帰り途だという。政変と関係するのだろうか。共産主義は嫌いだと盛んに言っていた。

二月二五日（月） 昨夜はクフ王の亡霊が出て、三度も眼がさめた。起き抜けにヒルトンホテルにあるアリタリア航空のオフィスに行って木曜のローマ経由ジュネーヴ行きをコンファームする。それからオールド・カイロのコプト博物館へ行く。傍らのセント・ジョージ教会ともども見事なものだ。モスクより優しさを感じるのは、聖母マリアの像の存在からだろうか。電車が走っていたので、市内へ帰る。一等と二等のある市電である。人がいっぱい線路を歩いている中を走るので危ない。終点はヒルトンに近かった。

いったんホテルに戻り、これからの行動を考える。正月休みなので博物館も休みだし、一日繰り上げて水曜日に出発し、ジュネーヴに寄ることにする。日本大使館に行ったらブリティッシュ・カウンシルからの手紙が来ていた。三月六日一二時にロンドン大学でチャールズ・ボクサー氏に会うことになる。OKの返事を出す。

スイス航空に行き、午前中決めたばかりのアリタリア航空をキャンセルして、ルフトハンザでアテネへ行き、一泊（スイス航空持ち）してからジュネーヴへ行く便に換える。ちょっと照れくさい。ルクソールへは行き損なったが、明日はアレキサンドリアに行こう。街でまた例のギリシャ人形の乙女に出会う。夕食はホテルの前の店でスパゲッティ。

二月二六日（火） 六時半起床。駅へ。八時のアレキサンドリア行きの急行に乗る。三両編成のディーゼル列車。一等車にはビュッフェがある。自動連結器ではないので、時々ガシャガシャと音が出るがノンストップで結構速い。ビクトリア朝式の室内は、この鉄道の由来を物語っている。

ナイルの緑野を一直線に走る。運河と平行するところがあったが、舟で土らしいものを載せて、二・三人で引いていたり、洗濯していたり、耕地に揚水していたり、アヒルを飼っていたり、のどかな風景である。

運河にかかる橋は可動橋らしい。鉄道の旅の楽しさを満喫して一〇時三〇分、アレキサンドリア駅到着。カイロ駅もそうだったが、立派なドーム付きだ。博物館へ行ったが休館。ぶらぶら地図を持って歩く。大学を過ぎ、海岸に近づくと二階建ての市電が走っていたので乗って往復する。この町はカイロより洗練された感じで、客引きの姿も見えない。港へ行き、かの灯台を想像する。要塞も見える。大型客船が停泊している。

カスバのようなところで、シシカバブを食べる。道端でバタバタと火を起こして肉を焼いているのだが、なかなか美味かった。馬車に乗って街を見物。バザールはイスラム特有の雑踏と匂いだ。カタコンブへ行ってみる。アレキサンドリアの歴史、地下道、廃墟を見る。アレキサンダー大王によって紀元前三三〇年ころ建設され、エジプト最後のプトレマイオス王朝のもと、かつてのヘレニズムの文明中心だったし、アルキメデスやプトレマイオスが知的活動をし、真偽の程度は別として、クレオパトラの名とともに歴史に名をとどめた。廃墟をめぐりながら、「荒城の月」のメロディが頭中に流れた。

四時半に駅に戻り、五時一五分発のカイロ行きに乗る。日本人と会ったので聞いたらI商社からアラビア語研修に来ているS氏だった。占領時代も終わり日本の経済的発展が顕著になるにつれて、各貿易会社が世界的に活動すべく、まず各国の言語に熟達する人材の養成が始まったところで、何人かの人に出会った。車中大いに語り、降りてからもレストランでおごる。スイス航空で切符を受け取る。

二〇日足らずの中東の駆け足旅行だったが、やはり来てよかった。得るところは非常に大きかった。「古代社会」の位置付け、その現在の姿。イスラムという一神教の存在、その非寛容さとバクシーシの両立。その延長としての「たかり」。このように並べると、中東とはとんでもないところのように思えるが、そこに残る「古代遺跡」は人類が自身の手足で作り上げたものであり、「文明」なのである。そのように考えると、この地は「人類文明誕生の地」であり、畏敬するに値する。何よりも、その巨大さに圧倒され、次にその破壊（ピラミッドの外壁はさすがに残ったが）に驚く。もっとも現代だって建設と破壊（戦争）は続いているのだが。

二月二七日（水） 七時起床。朝食後スイス航空で切符を受け取り、八時三〇分ホテルを出て空港に向う。ジュネーヴへの荷物は鞄二つになり、初めて重量超過料金を取られる。しかもエジプトの通貨はダメで懐にある自由通貨では少し足りない。やむを得ず二〇ドルのトラベラーズチェックを現金化して払う。「出エジプト」も簡単ではない。不信心のためか。だいたいレバノンでエジプトポンドに替えすぎたのが失敗だったのだが、ＪＴＢの案内書にエジプトは通貨の自由引換ができるというようなことが書いてあるのがいけない。とにかく超過料金は自由通貨で払って待合室に入る。

一時発のルフトハンザフランクフルト行きはボーイング720B型。この型が一番いい。乗客は少ないが、定時に離陸、しばらくナイルの緑野の上を飛んだあと地中海に出る。砂漠のかなたは砂煙でかすんでいる。クレタ島上空を通過、一時にアテネ空港着。手荷物はスルーで行くので持たなくてよく、楽だ。アテネは北風が吹き、寒いくらいであった。しかし街は清潔で中東とは違う。スイス航空持ちのホテルは中心にあるアマリアホテルで近代的。室内の調度も好みに合っている。一〇ドルだけ替えてアクロポリスに登る。タクシーは五〇メートルごとに料金が上がる。アクロポリスには団体客が大勢いたが、大理石の遺跡は貫禄がある。ここでソクラテスが語ったのだろうか。暑いところを回ってきたので寒さを感じるが、人間の知的活動にとってこの程度の寒さは必要なのかもしれない。博物館もいい。身が引き締まる感じだ。街へ出たもののいささか疲れていてホテルに戻り、夕食を早く済ませて寝る。アテネは帰途寄りたい。

†ヨーロッパへ

以上駆け足だったが中東を回ったあと、アテネに一泊してジュネーヴに寄り、キヤノンの支店でカメラを修繕してもらい、そこからパリ、ロンドン、再びパリ、そして特急シュドエクスプレスで最終目的地リスボンには三月一二日に着いた。東京から一カ月かかったことになる。

ロンドンとパリについては多くの方が書いているし、私の滞在は短期間だったので省略する。

そのリスボンで何をしたのか。結論から言えば日本〜ポルトガル間の貿易史研究はできなかった。この課題をやるには、ポルトガル語だけではなく南欧語すべてにラテン語、それも一六・一七世紀の手書きの古文書を読む能力を必要とする。私の付け焼き刃のポルトガル語では全く歯が立たない。この地に五年もいることができたらあるいはできたかもしれないと思った。しかし、慶應の高瀬《たかせ》弘一郎《こういちろう》教授は、立派にそれをやり遂げられた。五冊の専門書を出版され、敬服の至りである。

では、ポルトガル行きは全く失敗だったかというとそうでもない。第一に、ポルトガルという小国の世界への勢力拡大の研究に関し、国際的に認められた第一人者、ヴィトリーノ・ゴディーニョ教授と面談する機会を得た。サラザール政権のもとで、教授の公的活動は禁止されていたが、私がしばしば訪れていた書店の主人が気をきかせて、彼の家に連れて行ってくれた。最初の挨拶だけポルトガル語でして、あとは英語で話すことができたのでありがたかった。

私のピラミッド頂上での歴史観の転換についても「いい経験だ」と同意してくれたし、ポルトガルには封建制はなかったという自分の主張を聞かせてくれた。その後、一九七四年の「カーネーション革命」でカエターノ政権が崩壊すると、教授は文部大臣に起用されたが、数年後に他界されている。

また、書店の書棚で一冊の著作を見つけた。チャールズ・フェルリンデン著*Introduction à l'Histoire Économique Générale* という本で、著者がポルトガルのコインブラ大学で行った講義録である。したがって文献紹介や資料の提示が多く、叙述は一三〇ページあまりに過ぎないが、ヨーロッパを念頭に置いた経済史の時代区分として、前史時代からローマ時代を「第一サイクル」、中世以後現代(著書の書かれた時期)までを「第二サイクル」として、中世と近代を、経済史上連続した時代として取り扱うべきことを主張している。

これは、私がピラミッドの頂上で霊感した、古代社会は一つの完結した社会ではないか、という考え方に通ずるものがあるので早速買い求め、下宿で読み始めた。そして著者が、ピレンヌの後、ベルギーのゲント大学の教授を務めていることを知り、ポルトガルで何も得られないなら、ベルギーに行ってこの教授の門を叩こうという気持ちになった。そこで、経済史の大枠について学ぶか、時代区分に関して学ぶか、日本とヨーロッパの比較史を研究するか、そのいずれかはできるだろうと考えた。

遊ぶ方では、ポルトガルの民謡「ファード」を何回か聴きに出かけた。有名なアマリア・ロドリゲスが劇場で歌うというので、語学研修で伊藤忠商事から派遣され、リスボン大学で学んでいた岩崎君が切符を探してきてくれ、聴きに行くことができた。彼とは親しくなったが、先年亡くなり残念である。

また、ポルトガルに着いたとき、大使館に挨拶に行ったところ、大使からこれでも読んでください、と封筒に入った冊子を渡され、てっきりポルトガル生活での注意でも書いてあるのかと思ったら、なんとコントラクト・ブリッジの遊び方を、わざわざガリ版で刷って綴じたものである。外交官にとっては必要なことらしいが、私はそれまでコントラクト・ブリッジはしたことはなかった。しかし、室内競技は嫌いではないので、ぼつぼつ読んでいたのだが、間もなく天皇誕生日（四月二九日）に、日本人全員が大使館に呼ばれ、祝賀会があった。

その席で、大使から「あれもう読みましたか？」と聞かれ、「はい」と答えたのが運のつき、「では皆さんが帰ったらやりましょう」と大使のご家族のお相手をする羽目になってしまった。このゲームは規則が複雑な上、固有のルールがあり、それらを覚えていないといけない。私がこのゲームは初めてということで、大使自身はいろいろ気を遣って下さったが、こちらは失敗すまいと汗びっしょり、ゲームであんなに緊張したことはなかった。しかし、このゲームの面白さは格別で、時々やるようになり、留学土産に日本に持ち帰ったほどである。

七月中旬までリスボンにいたが、夏休みは拠点をオランダのハーグに移し、家内もやってきて小さなホテルの最上階を借り、そこを根拠地とした。自動車も外国人ということで新車を無税で買うことができ、ヨーロッパを何回かに分けて回った。それも東京の都心近くの不動産価格が二、三年の間に急騰したおかげである。北はノルウェーのフィヨルド、東はウィーン、南はナポリの先のカプリ島と発達した高速道路網を利用して三カ月間楽しんだ。

車はオランダ製のDAFで、ノンクラッチ車。右側通行で不慣れだから、日本で乗っていた軽四輪のノン・クラッチ車と同じにした。免許の方は、ポルトガルで、日本の軽免許を英訳した書類とともに役所に出すと「これは大型ではないな」と言われたので「大型免許ではありません」と答えると普通免許が手に入った。ヨーロッパでは、一国の免許を持っていればどこでも通用した。軽免許というカテゴリーが、当時のポルトガルにはなかったのである。

†欧州をめぐる旅

ヨーロッパ旅行は書けばきりがないが、最後に行ったベルリンという都市は孤立していてフランクフルトから飛行機に乗らざるを得なかった。壁を通って東ベルリンを見るツアーもあったが、西側との違いに驚いた。買うものが何もないのである。警備が厳重でバスの車底まで検査された。

また、ちょうどベルリン・フィルハーモニーのこけら落としがあり、出かけたが、カラヤン指揮のベートーヴェン「第九」がなぜか心に響かず、空席も目立ち、今一つ盛り上がりに欠けると自分には思われる音楽会だった。ドイツ・グラモフォン（レコード会社）は気前よく、来場者全員にカラヤン指揮のベートーヴェン第九交響曲の入ったLPを配ったので持ち帰りはしたが、聴かずに終わっている。それに比べると、ザルツブルグ音楽祭の方がいずれも熱演で、堪能した。

一〇月末、家内は日本に帰り、私は一人車でフランス〜スペインを横切り、ポルトガルに帰着。スペインのサラマンカからカナダの学生のヒッチ・ハイク二人を乗せ、おしゃべりしながら、リスボンの安いペンションまで案内した。彼らは私のことをジャーナリストと勘違いしたらしい。「なぜ?」と聞いたら、私がタイプライターを持っていたからだという。

マッターホルンの麓にて（1963年）

来年ゲント大学に行くとなると、留学期間を延長することになる。それには手続きが必要になる。つまり、ベルギーからの招聘《しょうへい》あるいは留学許可書が必要になった。そこで東京でポルトガル語をポルトガルの外交官（二等書記官）から習っていたのだが、ヨーロッパの二等書記官がよく集まってパーティーをしていた。お前も出てみないかと誘われ、何度か出席した。その会で、なぜかベルギーの二等書記官と親しくなったので、私はその人に手紙を書き、来年ベルギーのゲント大学で研究を続けたい旨伝えると、しばらくして彼もゲント大学出身なので、二月から六月までの奨学金をとってくれた。これは非常にありがたかった。慶應義塾大学にその旨を伝え、留学期間の半年延長を願い出ることができた。

暮れと正月はリスボンで過ごし、一月末に宿を引き払い、車で南下、南のアルガルヴェから国境を越えてスペインに入った。国境では荷物検査があり、反フランコの本が入っているので一瞬ヒヤッとしたが、担当者は英語が読めなかったらしくパスした。対岸のアフリカからの風に砂漠のにおいを感じながら海岸沿いにアンダルシアを横切って走り、バレンシアを過ぎると、日も暮れ、対向車もほとんどいなくなる。バレンシアで泊まるべきだったかなと車を走らせていると、ようやく行く手に灯りが見えてきた。道沿いのドライヴ・インである。腹は減ってくるし、これ幸いと休むことにした。

宿では主人が大きな犬と暖炉に座っていたので、一宿一飯を頼む。なかなか親切な人で、食事をしながらこちらはポルトガル語で話したが、お前はどこから来たのかと聞くので、日本からだと言うと、これはお前の国の歌だろうと言って、坂本九の「上を向いて歩こう」のレコードを聞かせてくれた。異郷でこの歌を聴くとなぜか郷愁が湧き、日本が懐かしく、思わず日本語で一緒に歌ってしまった。終わると拍手してくれたが、この人はスペイン内戦で共和国側の一員として戦い、フランコの天下となってから、このような仕事を一人でするようになったのではないか、という思いが去来した。しかし、そのことに触れるのはタブーかもしれないと胸に収め、心の中では敬意を払って翌朝別れを告げた。

スペイン内戦は、二〇世紀の事件として世界史的に非常に大きな意味を持つ出来事であり、いつかじっくり考察してみたいとその時以来心の奥底にしまってある課題となっていたが、先年日本語で出版されているスペイン内戦に関する著書を買い込み、三年ほどかけて読んだ。専門的研究ではないが、私は専門を離れて、大きな歴史上の主題を選び、ゆっくりとそれについての著作を読むことにしている。スペイン内戦以外に、今までのテーマは、「ビザンツ史」「日露戦争」「フェルメール」「ドストエフスキー」「北斎」などがある。

さて、バルセロナは再来を期して通り一遍の観光で済ませ、ここからピレネー山脈越えにかかる。ある地点まで行くと雪道になった。不用意にもスピードを緩めなかったのでスリップし、危うく道路から落ちそうになり冷や汗をかいた。幸い車は止まってくれて、そこからあとはゆっくり走った。

フランスではペルピニャンで一泊、翌日カルカソンヌの城を訪れ、北上する。中央が追い越し車線になっているフランス独特の三車線の道をベルギー国境に向けて走る。リールとコルトレイク間で国境を越し、ベルギーの通貨に交換し、夕刻ようやくゲントの町に入った。翌日、大学近くに夕食を家主のところで食べる形の下宿を見つけ、そこをねぐらとした。建ててから何世紀も経ている傾きかかった家屋で、裏が運河になっている。運河の交差点なので、入る船のヒューッという合図が聴こえる場所だった。家主さんは、通りで宝飾店を営む一家で、ご主人はポーランド人である。夕食時は会話が楽しかった。

下宿の前はせまく、煉瓦建ての家屋が並んでいて歴史を感ずるところだ。少し行ったところが大学の建物で、東京の外交官の方から届いた書類を出して奨学金を受け取り、自分はチャールズ・フェルリンデン教授の講義に出たいのですがと申し出たところ、教授は今年はサバティカルで大学には来ませんという返事。これには参った。ポルトガルではこれといった研究成果が挙げられず、慶應から海外留学期間の延長許可を得てゲント大学に来てみれば、目的の教授は国外、もう目の前が真っ暗である。帰国して報告書に何と書けばいいのか。生来楽天家の私も、この時ばかりは悲嘆のどん底に落ち込んだ。

実際どうしていいかわからなかった。二月のベルギーはどんより曇っていて何とも鬱陶しい。仕方がないので、チャールズ・フェルリンデン教授の留守の間、代講に来ていたヤン・クレーベックスというブラッセル自由大学の教授の講義に出てみることにした。しかし、もちろんこれはフラマン語なので理解不能。講義が終わってから教授をつかまえて事情を話し、毎回食事を共にしながらしばらく英語で話をすることになった。教授はまだ若く、私とそう年齢が違わないこともあり、とても親しくなり、私がブラッセルのご自宅まで送って行くまでになった。

ある日、いまヨーロッパの学界で非常に注目されているのがこれだと、二冊の本を渡された。その二冊が私の運命を決定的に変えることになる。

第11章　歴史人口学との出会い

†歴史人口学と出会う

運というか、それまでの不調を一気に覆すような出来事は、全く偶然にやってきた。一九六四（昭和三九）年三月のある日、ヤン・クレーベックス氏と昼食をしたあと、いつも話す部屋の一角で、氏は「いま、ヨーロッパではこの著作が非常に注目を浴びている。貴君も読んでみたら」とフランス語で書かれた二冊の学術書を渡された。

二冊とも著者として名前が出ているルイ・アンリが中心人物だということはすぐわかった。五年後、英国ケンブリッジでの学会で顔を合わすことになる。一冊目は、北フランス、ノルマンディのクリュレ教区の教区簿冊《きょうくぼさつ》を用いた人口研究であった。「教区簿冊」というキリスト教社会にはどこにでもある資料に出てくる特定の人物Xの行動を追い、その出生、死亡、結婚に関する指標を求めるという、それまで誰もなし得なかった一七世紀以降の人口学的基本指標（この場合、直接には、出生した時の父母の年齢、Xの死亡年齢、Xの結婚年齢、結婚相手の年齢）を、個人を単位として得ることに成功していた。そこから教区民の出生率、年齢階層別出産率（TFR）、年齢別死亡率などにより高度の人口学的指標が、教区単位で求められるのである。

その作業のリーダーとなったのが、フランス国立人口学研究所（INED）のルイ・アンリであった。彼は観察の単位を結婚した一組の夫婦にまで降ろし、毎年記録される教区簿冊に記されているその行動を一枚のシートに写し取ることによって観察を可能な形にし、これを「家族復元表」（FRF：Family Reconstitution Form）と称した。私はこの本を下宿で辞書を引きながら読んでいて、とても惹きつけられるとともに、もしこの分野にノーベル賞があったら、ルイ・アンリは間違いなく受賞するだろうと思った。

ところで、日本には教区簿冊以上に住民の日常行動（生死・出産・移動など）を知らせてくれる史料「宗門改帳」がある。教区簿冊の記載は、教区民の「動態人口統計」を記録するが、それだけではその教区の人口数や世帯のあり方、つまり静態人口統計を作成することはできない。もちろん宗門改帳にも欠陥はあるだろうが、長期間にわたって連続して利用可能な宗門改帳がみつかれば、教区簿冊による観察以上の人口学的観察が可能となる。家族復元法を適用するのはもちろん、さらに観察の単位を個々の男女にまで広げて個々人の行動追跡研究さえ可能だと思いつき、頭の中で日本の史料整理法をあれこれ考えるようになった。

かくて、海外留学期間の最後に来て、思いもかけず私は「歴史人口学」という日本では全く知られていない学問体系と出会い、その虜になったのである。もしポルトガルで日葡貿易史に関し多少なりとも研究が開けていたら、またもしフェルリンデン教授が研究休暇期間でなく、ゲント大学で落ち合えていたら、さらにクレーベックス氏が、私にルイ・アンリの著書をわたさなかったら、たぶん私は生涯、歴史人口学とは無縁の世界に生きていただろうし、ヨーロッパ留学で何も成果を得ることなく、落ちぶれていた可能性が高い。歴史人口学と出会ったからこそ、その後の私の研究者としての活動が可能になったのである。もちろん、人口学や統計学の方法を知る者がこの分野に最初に接していた方が、日本にとってはよかったのかもしれない。

私は、人口になぜか関心はあったが、学問的には野村兼太郎教授の門下生の一人として、経済史における人口の重要性を多少認識していたにとどまる。しかし、そのわずかな絆が私を、ヨーロッパの地で生まれたてほやほやの歴史人口学と結び付けてくれたのだ。人生を振り返ると、いくつかの事柄と偶然に出会っているが、この出会いほど大きな意味を持つ偶然はない。その後の自分の研究分野を決め、日本に最初に持ち込み、四半世紀後には大きな国際研究組織まで立ち上げるに至ったのである。人口へのごくわずかな関心と初歩的な成果はあったとはいえ、歴史人口学との出会いは全くの「運」であった。

これを海外留学の成果とし、大学に提出する報告書も堂々と書くことができる。あとはより理解を深めるべく関係する文献を探り、ゲント大学で求め得るものは借り出して読み耽った。

すべてがフランス語で書かれていて、英語文献はこの時点では見つからなかったが、海峡の対岸の英国ケンブリッジ大学では、歴史人口学を含むさらに大きな研究グループが、ちょうどこの年一九六四（昭和三九）年に呱々《ここ》の声を挙げていたことには気がつかなかった。

†帰途に就く

ゲント大学からの奨学金は六月末までだった。七月が近づくと身支度を始め、一年間オランダに移ってヨーロッパを三万キロ走ってくれたDAF車を処分し、往路訪れそこなったユーゴスラヴィア、トルコ、インド、タイ、香港、マカオといった国々に寄って、七月下旬に羽田に降り立った。

往路と違って復路の旅ではこれといった思い出はない。すでに学業で一つ大きな収穫を得たからかもしれない。最初のベオグラードでは、ホテルから一歩外へ出ると言葉が全く通じず、ホテルの周りを歩くだけで終わってしまった。

トルコでは、イスタンブールでお決まりのモスクや宮殿を訪れ、海峡を渡ってアジア側のウシュクダラに上陸してみたが、それでおしまい。もっと時間をかけ、東ローマ帝国以来の歴史に学ぶべきなのに短時間では無理だった。

インドは雨期の最中で、日本の梅雨どころではなく、ざんざん降りである。デリーの空港からホテルまでの間に、積まれている土管をねぐらとしている人々がいるのに仰天。しかし、道路が水に溢れている状態では外に出ることもならず、やっとの思いで博物館を一つ見て、あとはガンガン痛む頭をかかえてホテルのベッドで横になっている始末だった。インドへは雨期には絶対に行くべきではないという教訓を得るのと同時に、インドに住む人々は、こういう自然と否が応にも対決しなければならないのだ、と思った。そしてもしかしたら、この過酷な自然が、自分より下位の社会階層——カースト——制度を生んだのかもしれないと考えた。

タイはバンコクだけしか知らないが、大乗仏教の国では寺院建築が日本とは全く違うことに驚いた。山田《やまだ》長政《ながまさ》ゆかりの地を訪れると日本からの先客がいて、海外に出て初めて日本語を話す機会を得た。

香港までは、今回の旅行で唯一プロペラ機だったが、ジェット機に比べると高度がかなり低く地上が細かく見えるので、空からの観光にはプロペラ機の方がいいと感じた。香港の飛行場からマカオに直行し、点のように残ったポルトガル領の植民地を訪れる。もちろんポルトガル語が公用語なので、鉄砲を担いだ衛兵に、どこからきたのか聞いたらポルトだった。中国がその気になったら三〇分もあれば陥落してしまうだろうこの地にどういう気持ちでいるのか、衛兵に聞きたかったが、まあやめておいた。マカオといえばカジノに行かないわけにはいかない。最初に張る元手に時間をかけて勝負したら、なんと二回続けて最高の当たり（三五倍になる）

が出ておそろしくなった。もうこれ以上お金はいらないので早々に切り上げ、全額を米ドルに替えた。

マカオでの大当たりはラッキーとしか言いようがないが、総じて帰途は旅行としては失敗である。特に往路が発見や興奮に満ち、研究意欲も掻き立てられ、意義のある旅だっただけに、比較するまでもないわびしい旅であった。こういう旅はもう二度とすべきではないというのが教訓である。

香港からは日本航空で東京に向かう。一年半経った東京は、オリンピックを一〇月に控えて新幹線や高速道路といったインフラができ、とても沸いていた。私の住居も結局杉並の親の敷地内の一角に建てた一戸建ての家屋に落ち着いた。

研究室へ行ったら、新しく入った受付の女性に「あなたはどなたですか」と問われ、わずか一年半なのに、外来者扱いをされたのは彼女が職務に忠実だったからなのだろう。帰国届も歴史人口学との出会いを中心に書き上げ提出した。

帰途立ち寄ったマカオでの幸運のおかげで、トヨタの空冷二気筒八〇〇ccのパブリカを求めることができた。これで歴史人口学の史料「宗門改帳」を求めて各地へ行けそうだ。

V 宗門改帳との出会いと「BDS」の考案
——1964-1989

宗門改帳を採取する著者(1975年)

第12章　歴史人口学の史料と整理法

†教区簿冊――ヨーロッパの場合

一九六四（昭和三九）年にヨーロッパで私が出会った歴史人口学は、キリスト教社会にはどこにでもあるといっていい「教区簿冊」を史料としていた。「教区簿冊」とは教会に備えられ、牧師が記入する教区民の、出生・死亡・結婚を年代記風に書き連ねたものである。

それぞれの月日が記入され、年齢や項目によっては両親の名前が記入される。日本でいえば寺院の過去帳は死亡しか記載しないが、これに近い。記載されている者の名前を追って、その出生、結婚、死亡を追うことができる男女には、出生が記録されている者の何パーセントかはいるだろう。幼児死亡率が高い時代だから、かなり多くの者は、出生後間もなく死亡の欄に記入された。しかし、根気強く何千何万もの出生男女の跡を追えば、何歳で結婚したか、どのような出産行動をとったのか、何歳で死亡したのかを突き止めることができる。

前述のように、この調査方法を開拓したのはフランス国立人口学研究所（ＩＮＥＤ）のルイ・アンリであった。この分野にノーベル賞があったらきっと受賞していただろう。フランスは他のヨーロッパ諸国、とりわけ隣国のドイツに比べて出生率が低く、そのことが第二次世界大戦においてナチス・ドイツに敗れる結果を生んだのではないかという疑問から、戦後、INEDは過去に遡って出生率の変動を追うプロジェクトを発進させ、教区簿冊に初めて人口学の光が当てられるようになった。

コンピュータ開発以前、この仕事には大量の人手が必要だったし、時間も要した。一言でいえば「カネ喰い虫」の研究だった。何より、年代が連続して利用可能な「教区簿冊」はどこにでもあるわけではなかった。

ルイ・アンリ生誕80年の記念メダル

フランスでは、ようやく見出したノルマンディのクリュレ教区の教区簿冊は五世紀にわたり連続して利用可能であり、それまで不可能視されていた一七世紀に遡り、かつその後の変動を加えて人口学的諸指標の測定を可能にし、一つの研究分野として「歴史人口学」の成立を見たのである。

ヨーロッパでは、一九六四（昭和三九）年、英国ケンブリッジ大学に、ピーター・ラスレットとアンソニー・リグリィを中心とする研究集団ケンブリッジ・グループ（Cambridge Group for the History of Population and Social Structure）ができた。

INEDが人口学に特化した研究所であったのに対し、ケンブリッジ・グループは人口と家族世帯に関する研究者集団であり、しばしば国際研究集会を開き、世界各国から長期・中短期の研究者を集める国際色豊かな集団であった。

ケンブリッジ・グループの特徴は、最初から「人口」と「家族世帯」双方を視野に入れていることで、そのため「教区簿冊」だけでなく「住民台帳」も収集し、家族形態や、その形態別分布、変動を意図的に求め、人口変動と結びつけようとしていた。

しかし、「住民台帳」が同じ空間を対象として毎年作成されるか、内容がわかるようになるのは一九世紀になってからで、それ以前は散発的であった国勢調査にしても、早い国では一八世紀中葉から始まっていたが、毎年ではなく五年または一〇に一回であった。欧米各国では、非公開期間を五〇年とし、すでに戦後の社会の調査史料として利用されている。日本のように、原票は集計終わり次第溶解、戸籍簿は一〇〇年間非公開という研究者にとっては厳しすぎる制限を課している国は他にもあるのだろうか。

なお、ケンブリッジ・グループでは、記載事項のマイクロ・シミュレーションや、全国人口は前方または後方投影法によって、直接史料のない時期についても、人口指標の統計学的に求める方法の開発を行っている。

†「宗門改帳」による統計

こういったヨーロッパの事情に比べ、日本における歴史人口学の史料は、記述内容に関してははるかに恵まれている。日本では「宗門改帳」(「宗門人別改帳」などと呼ばれる場合が多かったが、本書では一括して「宗門改帳」と呼ぶ)が、徳川幕府の厳格なキリスト教禁止政策の方法として(島原・天草の乱〔一六三七〜三八〕を機とし、最初は幕府直轄領に、一六七一年以降は全国的に)、原則的には毎年、各町村の居住する全住民を対象とし、それぞれがキリスト教徒ではなく、仏教徒であることを檀那寺《だんなでら》の印を押してもらうことによって証明させた。

しかし、これは全国的に一つの決められた書式・内容をもっていたわけではない。まず民衆の信仰する宗教を調査する「宗門改」自体、毎年は行われず、隔年または六年に一回(子午年――年で、各藩や領主たる寺社、旗本が幕府の全国国別人口調査に合わせたのであろう)しか作成しない藩が少なからずあった。

また、年少者を対象としない藩もあった。たとえば、石高百万石の加賀前田藩では一五歳(日本では年齢はすべて数え年である)にならないと対象にならなかったし、紀州藩は御三家の一つでありながら、八歳にならないと対象にしていない。極端な場合には、年齢を一切記録しない場合さえある。

武士には武士の「宗門改」があったが、この時代が身分制社会であったことから、農民や町人と同列に宗門改帳が作成されたわけではなかった。

ある藩では現在でいう本籍地を対象とする「本籍地主義」で作成され、またある藩では実際に居住している者を対象とする「現住地主義」で作成された。このように宗門改帳の書式・内容が全国共通でないのは、徳川社会の基本的性格に関わることだが、そういったネガティヴな点はあるとしても、史料を大量に収集し、あまり条件の悪いものは除くことを通じて、利用するなら「教区簿冊」にはるかに優る家族史の資料となるのは明らかだろう。

†「宗門改帳」の資料価値

「教区簿冊」は個人の出生・結婚・死亡の記録であり、「宗門改帳」は通常は「村」「町」(ともに行政上の単位でもあり、とくに「村」は生活上の単位でもあった) ごとに毎年作成されるような場合、「宗門改帳」では、人口と家族の内容、さらには人口の静態統計と動態統計を同時に得られるのである。

明治維新直後に作成され、現在でも法的に有効である「壬申戸籍《じんしんこせき》」が、プライヴァシー保護の立場から公開されないこと、同じく一九二〇（大正九）年に始まる国勢調査の原票も、集計が済むと溶解されてしまう現在の状況を考えると、散発的にしか残されていない「古代籍帳」の場合を除き、日本において、家族の内容まで知る機会は明治以降現在を含めてこの時代しかない。そういう意味では、一冊の宗門改帳でも非常に貴重な史料なのであり、今後それが発見された場合には、その地の史料館・図書館にぜひ保存してくださることを希望する。

何よりも、宗門改帳は当初、住民の信仰調査（キリスト教徒ではないという証明収集）を目的としたが、実際にキリスト教徒はごく一部で巧妙に「隠れ」ていたため、次第に当初の目的から、「人別」調べ——現在の言葉に直せば「人口調査」にその性格を移していった。多くの場合、「宗門人別改帳」という表題を持つようになり、移転の際には、移転者の元の庄屋から移転先の庄屋宛の、いわば移動証明書をもって人々は移転したのである。

私の史料調査の経験では、長期間にわたって宗門改帳が残存している例はきわめて少なく、あるとしても二〇〇年間のうち八〇パーセントにとどまるとか、一〇〇年間は連続して利用可能であるといった具合である。これらは、まさに「文化財」の名に値する。「文化財」とは、社会の上層階級の歴史を物語る史料ばかりではなく、庶民の生活をこれだけ知らせてくれる史料も含むものでなくてはならない。友人のある国外の研究者は、この「宗門改帳」を「人類の遺産」と呼ぶほどなのである。

宗門改の様子（シーボルト『日本』より）

†「宗門改」の実態

「宗門改」は、一六・一七世紀にキリスト教布教をみた主に九州のような地域では、奉行・代官および村役人の前で、住民一人一人にマリア像を足で踏ませる「踏絵」と呼ばれる儀式をともなった。江戸時代に来日したヨーロッパから日本にやってきた人の中には、この儀式に関心を持った人もいる。

ケンペルはそのことを記述し、シーボルトはわざわざこの儀式を描かせている（宗門改の図。シーボルト『日本』）。その絵で描かれているのはたぶん長崎の町だろうが、一家四人が部屋に入り、戸主と思しき人物が役人の前で踏絵をしている。あとの三人はかしこまって自分の番を待っている。役人の一人は寺印を押すところだろうか。これが「宗門改」の実際の姿を伝える唯一の図例である。

宗門改帳を探してわかったことは、都市における残存の状況が農村に比べて低いことだ。これは都市部で火災による消失が多かったことを物語っている。特に江戸の場合、こうした史料は散見されるのみである。大坂は、中心部のある町のものが印刷されて利用可能であり、また印刷されずに残されているものも加え、京の場合とともに、大都市の人口・家族・世帯研究を支えてくれる。中小都市になれば、今まで発見されたものだけでも、かなりの数になる。

また、総じて関東地方や近畿地方の中心平坦部には、一つの村に「相給《あいきゅう》」といって、何人もの領主がいた。領主ごとにそれぞれの方法で宗門改帳が作成されていたため、村全体の情報を復元するのが不可能な場合が多い。

総じて、東日本・中央日本では、都市・村落部ともに相対的に残存率がよい。それに対して西日本では残存率が低く、残されていても年齢が書かれていなかったり、内容が不十分な場合が多い。ただ、幕府直轄地は詳細に記述されているので、今後の西日本の史料調査は幕府直轄地を重点的に行うのが、全国的にバランスのとれた史料による観察結果をもたらす、という点で望まれる。

もう一つ見落とせないのは、「宗門改帳」の「宗門」が、仏教の宗派まで意味している場合だ。同じ世帯でも禅宗と、東本願寺宗の寺院を檀那寺として持っている夫婦は、宗派ごとに作成された冊子に別々に記載されてしまう。

この方が、すべての会派の寺院の印を一冊に押すことができる便利さはあったかもしれないが、家族の状態を知るためには日本版の「家族復元」をしなければならない。しかし、多くの藩では、安永年代（一七七二〜八一）頃に宗派別の作成をやめ、同一世帯に異宗派の者がいても、同一の世帯員として取り扱い、宗門改帳は宗派別だったのが全宗派を一冊にまとめられるようになっている。信仰上の問題からか、行政上の必要からか、利用する我々にとってはひと助かりである。

さて、江戸時代、宗門改帳以外にどのような人口調査史料が作成されただろうか。幕府によるものとして、一七二一（享保六）年に始まる国別人口調査は、次の一七二六（享保一一）年以降、一八五二（嘉永五）年まで実行された。

しかし、国別の人口数が残されているのは現時点で一二年分で、残り五年分については史料はいかなる形でも発見されていない。なお、最後の調査は藩から幕府への報告はされているが、幕末開国をめぐる多事多難の時には集計されなかった可能性もある。この史料はもちろん人口統計として正確なものではないが、たとえば地方別に人口趨勢を見たり、性比の変化を見たりすることはできる。この史料を利用した関山直太郎《せきやまなおたろう》氏の業績は、六〇年を経た現在でも、歴史人口学を志す者にとって必読の書であると言っていいだろう。

さらに八代将軍徳川吉宗が数値化された情報をいかに欲したかを示すのは、一七三二（享保一七）年、大名一〇藩に、それぞれの所領の人口を昔に遡って報告させている事実である。そのうち、九大名が返答をしている。各藩の判明する最初の年代は揃っていないが、最も早いのが、陸奥《むつ》二本松藩《にほんまつはん》・伊勢津藩《いせつはん》・阿波蜂須賀藩《あわはちすかはん》の一六六五（寛文五）年、最も遅いのが加賀金沢藩《かがかなざわはん》の一七二〇（享保五）年である。

†「宗門改帳」を収集する

こうした史料をどのように集めるのか。私の勤務していた慶應義塾大学の野村兼太郎文庫は、野村教授の収集された史料——ほとんどが近世史料で、現在文学部の史料室に保管されている——を蔵するが、歴史人口学の研究史料は残念ながら含まれていない。ただし、美濃国本巣郡《もとす》神海村《こうみ》については、一六七四（延宝二）年以降、一七世紀の宗門改帳が断続的ではあるが残存し、また徳川中期以降の史料も、連続的ではないが得られるので、相当程度の研究は可能である。

また、私の「近世屋久島の人口構造——享保一一年検地竿次帳の検討」という論文は、野村教授収集史料による。本稿は、『歴史人口学研究』という著書に、副題を「島内における家族形態の相違」として収録した。薩摩藩が行った一七二六（享保一一）年の名寄帳《なよせちょう》は、田畑と同時に、人別改めを同じ帳面に記録する稀有な例であり、領主が期待する土地の生産物の数量と労役の量を一つの調査で知ろうとするもので、作成目的からいって特異なものである。

また、私の手許には、野村教授に提出した尾張国海西郡神戸新田《おわりのくにかいさいぐんかんどしんでん》の一七七八（安永七）年以降、一八七一（明治四）年に至る九四年間連続して残存する宗門改帳が旧式のシートに写されて存在しているので、利用可能となった。

このように、慶應義塾大学内だけでは十分な史料は得られない。そこで、近世史料の所在に詳しい徳川林政史研究所の所三男《ところみつお》先生と、国立史料館の浅井氏に訊いたところ、「目下、県史編纂中の事務局を訪れ、宗門改帳の所在情報を聞くのが一番いいのではないか」というアドヴァイスを得た。具体的には、福島県と岐阜県である。

その他何ヵ所かの史料調査を行った。一九六五（昭和四〇）年から始めて、二〇〇〇年までの三五年間に年平均三回は調査に出かけたから、合計一〇〇回になるだろうか。ほとんどは県史編纂室からの照会や、図書館、史料館など、図書・史料の保存機関だったから、史料撮影を断られたことはない。ただ一度だけはどうしても史料を見せてもらえないことがあった。先祖のことを探られるのは嫌だと思われたのであろうか。

しかし振り返ると、一〇〇回調査をしたといっても地域的な濃淡があって、調査しなかった県も少なくない。筆者はこの間に、勤務の本拠を東京から京都へ移したが、西日本には数えるほどしか行けなかった。近年、西日本の歴史人口学も進みつつあり、貴重な研究成果も刊行されつつあるので、空白域が消えつつあるのは頼もしい限りである。

†「宗門改帳」を整理する

史料をどのように整理するか。実は一九七八(昭和五三)年に遡るが、私は、徳川時代の人口史料として中心となる「宗門改帳」の整理方法に一つの革新を見つけていた。

野村兼太郎先生のもとで史料を整理していた頃は、原本通り一世帯一枚にB5判のシートに縦書きで記入していた。この方式による利点は、ある年の世帯において、世帯員の性別・戸主との関係・年齢、変動があった場合、その内容などを写しとることができることだ。そして世帯員は、史料に書かれたのと同じ順序で書かれる。世帯番号は右上の欄外に、史料に書かれている順序は右下欄外に記入される。

この記入法の欠点は、一枚のシートを完成するのに要する時間が長過ぎることで、たとえば、同じ地名を世帯の数だけ繰り返して書かなければならない。年代にしても同様に時間がかかる。しかも、この方式だと、ある者が生涯をどのように送ったのかは一瞥できない。つまり、一人一人の生涯の追跡調査ができないのである。それをしようと思ったら、一年ずつ束になっているものを崩して、世帯ごとに組み替えなければならない。統計によっては、年次別のものと世帯別のものとの二種類の表が必要になる。

同じシートを二枚作り、作成する統計が年次別であるか世帯別であるかによっていずれかに対応できるようにあらかじめしておけばいいわけだが、コピー機もない時代には、それにも気づかず始終並べ替えの作業をしていた。机の端にいずれかの順に置き換えることから、この作業を「堂々めぐり」と呼んだものだ。

†「BDS」の考案

この非効率を何とか克服しようと考えついたのが「BDS」方式である。この着想には、筆者の幼少期からの鉄道趣味が関係している。ある時、私は列車時刻表にヒントを得て、B4判の用紙を用いて新しい記述方式を考えたのだ。

一世紀間を四つの、つまり二五年間を単位とするシートにして、縦方向に二五年間、横方向に二五人分のマスを揃え、縦には二五年間の各年を和年号と括弧内に西暦年号を入れ、横には一つの世帯を構成する人々の名前を書く。

こうすれば、マス目を各人の年齢で埋めるので、史料が正確に書かれている限り、一年に一歳しか進まないが、各行に個々人の生涯が書き込まれることになる。最初に名前、男女、戸主との続柄を書き、次に生まれた順に、世帯番号にダッシュを引いて数字を入れる。いわば今日の国民背番号のようなものである。

この世帯に結婚や養子として入った者には、もとの番号が書かれている。列車時刻表でいうなら支線から入ってきた列車といえるだろう。逆に、この世帯に生まれ育ち、適齢期に他村へ嫁いだ娘は、嫁いだ先からさらに他所へ移っても、この世帯における個人番号を生涯持ち続けることになる。

こうして整理すれば、一枚のシートで二つのことが把握できる。縦方向には、その人物の生涯の出来事が、少なくもその町・村内にいる限りわかるし、関係先の宗門改帳があれば追跡することもできる。さらに横方向には、ある年の世帯の状態や理由別の人口変動などの統計が難なく得られるので、もう「堂々めぐり」をする必要はなくなった。

このように、BDS方式による宗門改帳の整理の威力は非常に大きいことがわかった。単に整理時間の短縮ばかりでなく、そこから先の分析に大きな便益を与えたと思っている。そのため、旧方式で整理したものもすべてBDS方式に改めて統一することにした。

宗門改帳原本に書かれた世帯内の順序を追えないという弱点はあるが、そのことに意味があるなら、これには眼をつぶろう。

この方式を思いつくのに、私は別に苦心惨憺したわけでもなかった。宗門改帳整理を進めれば誰でもこうするだろうくらいに思っていたから、自慢もせず、わざわざお披露目の会もせず、

家番号 59

	15	16	17	18	19	20	21	22	23	24	25
続柄					男子	女子	妹	弟	姉	男子	女子
名前					同右ヱ門	るん	しゅん	万七	まつ	定吉	けん
記事					×40才 大坂町方へ奉公 ↓ 内へ入(文化6未) ↓ 44才 当村弥平次方へ養子ニ遣(文化11) (NO67)	×19才 多芸郡栗笠村与三郎方へ奉公 ↓ 26才 今ケ渕村六弥方へ当年縁付(文化8)	×35才 中郷村喜与八方へ23年以前縁付	×47才 名古屋町方へ奉公 ↓ 内へ入(文化13未)	×57才 当村弥次兵エ方へ41年以前縁付 (NO67) ↓ 77才 死去(文政4未)	×23才 名古屋袋町綿屋定八方へ奉公 改名 万吉(寛政13未) ↓ 内へ入(享和2未)	×27才 大垣御家中へ奉公 ↓ 28才 大垣船町浅野屋清助方へ縁付(享和2)

男	女	計	持高 石	合	順序
2	3	5	9	638	40
2	3	5	〃		41
3	3	6	〃		40
3	2	5	〃		40
3	2	5	〃		40
3	2	5	〃		39
3	2	5	〃		39
3	2	5	〃		39
2	2	4	〃		38
2	2	4	7	638	39
2	2	4	1	651	39
2	2	4	〃		39
3	2	5	〃		37
2	2	4	〃		37
2	2	4	〃		36
2	0	2	〃		36
3	0	3	〃		36
3	1	4	2	851	34
3	1	4	〃		35
4	1	5	〃		35
4	1	5	〃		35
4	1	5	〃		35
4	1	5	〃		34
4	2	6	〃		34
4	2	6	〃		34

美　濃　国 安　八 郡 西　條 村

	東本願寺宗		1	2	3	4	5	6	7	8	9	10	11	12	13	14
		名	伊右エ門	女房	るん	るの	周右エ門	万吉	百次郎	周右エ門	周右エ門女房	定次郎	この			
		性別	M	F	F	F	M	M	M	M	F	M	F			
		戸の主と続柄		妻	女子	女子	男子	男子	男子	叔父	叔父女房	同人男子	同人女子			
寛政13年	(1801)	辛酉	・54	49	16	12	32									
享和 2	(1802)	壬戌	・55	50	17	13	33									
3	(1803)	癸亥	・56	51	①18	14	34	33								
4	(1804)	甲子	・57	52		15	35	34								
文化 2	(1805)	乙丑	・58	53		16	36	35								
3	(1806)	丙寅	・59	54		17	37	36								
4	(1807)	丁卯	・60	55		18	38	37								
5	(1808)	戊辰	・61	56		19	①39	38								
6	(1809)	己巳	①62	57		20		①39								
7	(1810)	庚午		58		21	41	・40								
8	(1811)	辛未		59		22	42	・41								
9	(1812)	壬申		60		23	43	・42								
10	(1813)	癸酉		61		24	②44	・43	2							
11	(1814)	甲戌		62		25	△	・44	3							
12	(1815)	乙亥		①63		①26		・45	4							
13	(1816)	丙子						・45	5							
14	(1817)	丁丑						・46	6	43						
15	(1818)	戊寅						・47	7	44	22①					
文政 2	(1819)	己卯						・48	8	45	23					
3	(1820)	庚辰						・49	9	46	24	2				
4	(1821)	辛巳						・50	10	47	25	3				
5	(1822)	壬午						・51	11	48	26	4				
6	(1823)	癸未						・52	12	49	27	5				
7	(1824)	甲申						・53	13	50	28	6	2			
8	(1825)	乙酉						・54	14△	51△	29	7	3			
			①死去(米)	①死去(米)	①奉公ニ出(米)	①死去(米)	②養子ニ遣(米) ①奉公ニ出(米) △弥助	①家督ニ成(米)	△周右エ門	△伊右エ門	①当村作右エ門妹 去年縁付参 (NO.24)					

美濃国西条村の BDS

「今度からこの用紙を使って下さい。また今までの方式のものも、この方式に書き換えて下さい」と言うだけで済ませていた。この整理法の名前は、FRF(Family Reconstitution Form)と呼ばれていたルイ・アンリの出産統計に倣ってBDS(Basic Data Sheet)と名付けた。

†史料整理法の進化

その後、史料整理の方法は進化をくり返した。借りた史料の手写し、幅三六ミリの一つに三五コマ入るパトローネを使う写真撮影、マイクロ撮影機で一巻に三〇〇コマは撮影可能なマイクロフィルム撮影機の利用と続き、現在では、デジタルカメラによって撮影するようになった。これを一コマずつ印画紙に焼き付けるのは手間と時間が必要なので、多くの場合マイクロフィルム投影機、現在ではパソコン画面に投影してシートやBDSに書き込むか、用意されたBDS画面に打ち込む。符号化可能な項目(たとえば戸主との関係など)は符号で、コンピュータにBDSをフォーマットとして入れておき、そのマス目を埋める方式をとっている。

この方が、その後の分析も、データを入力したコンピュータで行うことができる。もっとも筆者自身はやや早い時代に生まれたので、BDS方式までは開発したが、そのあとのコンピュータ処理には乗り遅れ、その恩恵には浴し得ないロー(老)テク人間であるが。

歴史人口学において、ビッグデータの最初の大がかりなコンピュータ利用は、筆者が慶應義塾大学に奉職中に考えられ、一九八九年、京都の国際日本文化研究センターに移ってから、私自身の呼びかけで構成された国際比較研究「ユーラシア人口・家族比較史プロジェクト」で実現した。

第13章　国際学会へ

†国際学会へ

ヨーロッパで初めて歴史人口学と出会い、それから一生懸命勉強して、ちょうど東京オリンピックの直前あたりに日本に帰ってきた。そして本格的に研究をスタートしたが、この歴史人口学というのは大変お金の要る学問であることが、徐々にわかってきた。史料集めや整理に人力と時間がかかる。史料といっても大量の史料でないと有意な結果は出ない。

史料を集める費用を捻出するために、私は自分の持っていた蔵書を全部売っ払った。幸い、その時は大学の設置ブームで、どの大学も本をたくさん集めなければならない。それで古本が予想の倍ぐらいの値段で売れた。今では逆に、本を売っても予想の三分の一の値段にもならないが、とにかくそうやって研究費を作って、史料収集を始めた。

経済学部に所属しているので、経済史を離れることはできないけれども、それ以降、私の関心は人口の歴史、あるいは歴史人口学に移っていく。

そういう分野で先進的であったのは、実はフランスである。歴史人口学という分野が生まれたのもフランスだ。フランスにはアナール学派という歴史学の学派があるが、彼らは季刊誌『アナール』をつくっていた。

ル＝ロワ＝ラデュリ氏（2008年）

一九六八（昭和四三）年、アメリカのインディアナ大学で開かれた国際経済史協会の第四回大会の、人口と経済に関するセッションにおいて、私は研究結果を報告した。生まれて初めての国際学会での報告ということで緊張してしまい、手は震えるわ、読んでいる原稿から目を離すとどこを読んでいるのかわからなくなるわという状態で、原稿からほとんど目を離せなかった。

質問にも何とか答え、セッションが終わると、一人の紳士がやってきて、「今の報告、非常に面白かった。ぜひ自分の雑誌に論文を寄稿してほしい」と言われた。私に声を掛けてきた紳士は、エマニュエル・ル＝ロワ＝ラデュリというフランスの有名なアナール派の歴史家で、当時『アナール』の編集長だった。そのアナール派の活動は、ル＝ロワ＝ラデュリが編集長であった時代が絶頂期であった。

その後、氏とは非常に親しくなることになるが、『アナール』に論文が載るということは、ヨーロッパで一人前の学者として認められたということになる。私はちょっと夢のような気持ちになった。ビギナーズラックというか、自分が初めて国際学会で報告をしたものが外国の方の目に留まり、それが雑誌に載るということに有頂天になった。

翌年には、英国のケンブリッジにできた「人口と社会構造の歴史に関する研究グループ」に招待され、ここでも報告する機会をもった。それ以来、国外にも多くの研究者に知り合いができた。

私の仕事は当初、日本国内では全然相手にされなかった。歴史人口学そのものが、日本でまだ認知されてない分野だったためだろう。現在では多くの方がこの分野で研究するようになり、研究会もできた。私はむしろローテク人間で、ハイテクを駆使する若い研究者たちの後塵を拝している始末だが、むしろこれは大変喜ばしいことであると思っている。それは時を経て、この学問が発達していることを意味するからだ。歴史人口学については、「日本経済史」や「一般経済史」で方法や成果を紹介した。

†躁期と鬱期

人間誰しも、程度の差こそあれ、躁期と鬱期を持つものだといわれているが、私自身もそれを経験した。一九七四（昭和四九）年七月に、私は父を亡くしたが、この時は人間の死を目の前で看取った。私にとって父は何より怖い存在であり、とうとううちとけて話す機会をもつことができずに終わった。その理由の一つは父が酒好きで、毎晩晩酌を欠かさなかったのに対し、私は全くの下戸《げこ》で、むしろ酒席を嫌ったくらいであることが挙げられよう。

その父があの世に旅立ったことは、喜怒哀楽を越えて、重い漬物石がなくなったかのように作用した。言葉を慎まなければならないが、自分を抑えていた倫理が崩れ、世俗的な欲望が一気に噴き出したのである。四五歳を越えた頃であるが、金遣いが荒くなり、本やレコードを買う勢いが増した。よく考えれば間に合いっこない原稿をたくさん抱え、頭の中ではそれらが整理しきれなくなる。

鉄道趣味が高じて、庭に蒸気機関車の動輪を置こうと、知り合いに頼み、廃車になる機関車の動輪一対を手に入れる準備を進め、それを置くべきレールや枕木まで古物商から求める始末だった。しかし、動輪そのものを手許に備えるために、それを現地から我が家にどう運ぶかで行き詰まる。重量一五トンのものを運ぶには最大一一トン積みのトラックでも足りず、トレーラーが必要だということを知らされ、この計画はあえなく挫折した。

「リリー・マルレーン」の歌に夢中になったのも確かこの頃で、ララ・アンデルセンの元歌や戦後の吹き込み、彼女以外の歌手による吹き込みのレコードを手当たり次第集めたり、たまたま日本にやってきていたイリノイ大学のトビ君と第二次世界大戦の折、イタリア戦線で戦った当時の英軍将校ウドラフ教授を訪れて「リリー・マルレーン」のことを尋ね、教授に訝られたりした。躁期になると、私は普通では考えられないような行動もやってしまうのである。

その頃、海外に出ても、たとえばケンブリッジ大学図書館で、本業を放り出してこの歌に関する図書を探すなどする始末であった。さらに、ララが戦争末期に住んだフリージア諸島の一つランゲウオッグ島を訪れ、すっかり海水浴場化した島の様子にがっくりしたが、ようやくララ・アンデルセンの名のついた店を見つけてなにがしかの土産を買い、ララの記念碑を見つけ、写真に収めた。

ドイツ本土から連絡船が出ていて、船を降りると、島の大西洋側まで遊園地まがいの鉄道に乗る仕組みになっていたのにはびっくりした。もう、ある世代以降は、ララは忘れられた存在となっているのだろう。そういうところへ場違いな東洋のネクタイを締めた男が真面目な顔をしてララの痕跡を探しても、全くサマにならず、早々に退散した。

東京に戻り、秋葉原でドレミの音階付きの手のひらにのる計算機を求め、もっぱら「リリー・マルレーン」の演奏（?）に用いることにした。

山と抱えた原稿もさっぱり進まず、何をやっても途中で投げ出すようになり、躁期は一転して鬱期となった。今度は逆に何事にも引っ込み思案となり、他人と話すのも億劫になった。これを「鬱状態」と呼ぶようだが、そのような私の症状にいち早く気づいたのは、折から日本に来られていたトマス・C・スミス教授であった。彼は、そうした症状はアメリカには多いと言っていた。

はじめはそれがなぜかもわからなかったが、教授から「速水さん、この頃ちょっとbreak downしてますね」と言われ、確かにそうだなと思った。講義は低調となり、この時期に教室で講義を聴いた学生諸君には申し訳なかったと思っている。

そのうち状態はさらに悪化して、講義をしていると、自分とは違った誰かが講義をしているような気持ちになり、とうとう慶應病院の精神神経科の保崎先生の診断を仰ぐことになった。先生に病状を申し上げると、「鬱状態ですね。自分と違う誰かがしゃべっているように感じるのはよくあることで、心配は要りません。専門的には「離人症《りじんしょう》」というのですが、自分が病気だと意識しないでスポーツでもおやりになったらどうですか。夜は十分寝て下さい」という診断であった。

†ボートへの熱中

私は軟式の野球以外にはこれといったスポーツをやったことはなかったが、幼い頃から引本の海で和船やボートを漕いだりしたことはある。この際、マリンスポーツでもやるかと考え、雑誌のページを繰ってみると、車の屋根に積む大きさの小型ボートで、水面を帆を張って航走したり、小型の船外機を着けて走ったりすることができるのに気づいた。

ただし、どんなに小さくてもエンジンを付けた船を操る場合には免許が要る。自動車の運転に運転免許が要るのと同じである。東京では多摩川の河口、つまり羽田空港へ離着陸する航空機の真下で何日か実技を練習し、学科を含めて試験に合格しなければならない。そこでは、着陸する航空機の発する轟音が気になったり、戦争末期の中学生の頃、勤労動員先で製品を分工場へ運ぶのに、貸ボート屋で手漕ぎボートを借りて運んだことなどを思い出したりしていた。正式なロープの結び方も、知っていたので訳なく覚えることができた。

試験は予想より難しくはなかった。手許にあるのは、「海技免状」で、「四級小型船舶操縦士・昭和五五年三月三一日交付」とあり、「運輸大臣」の印が押され、各条項が日本語と英語で書かれている。免状といっても二つ折りすると自動車免許証を一回り大きくしたくらいの大きさである。私はこの免状を使ってボートに船外機を着けて航走していた期間、無違反であったが、第一この免状を誰かに見せたこともなかった。

よくみると、免許の有効期限が記されていない。この点、自動車免許証と異なっている。現在では制度が大きく変わって、「四級小型船舶操縦士」の免状はなくなり、これに相当するのは「一級または二級小型船舶操縦士」海技免状となっている。有効期間は五年間らしい。ここで「らしい」を付けざるを得ないのは、条文が難しく、どうやら五年経ったら延長というか再交付の手続きが必要らしいと判読したからである。私が「海技免状」（旧四級小型船舶操縦士）の交付を受けたときには、少なくも免状のどこにも有効期限は書かれていなかった。ことによると、法律により一定の有効期間があったのかもしれないが。

まあいい。というのは、船外機を着けてボートに乗ったのは免状取得後五年以内だったから。その間、海は潮水がべたつくので、主に淡水の湖に出かけた。三浦半島のどこかでボートを作ってもらい、車の屋根に載せ、帆やオール、クラッチは後部の荷物室に積んだから、その間私の車はセダンでなくバン型のものになった。印旛沼《いんばぬま》、富士五湖《ふじごこ》、霞ヶ浦、中禅寺湖《ちゅうぜんじこ》、檜原湖《ひばらこ》、諏訪湖《すわこ》、野尻湖《のじりこ》などへ出かけたが、浜名湖《はまなこ》は汐の干満があることを知らず、繋いでおいたボートのエンジンが水没し、近くのヤマハの工場へ修理に持ち込んだこともあった。

船名は「リリー・マルレーン」とした。航海日誌こそつけなかったが、帆に風をはらませると、ぐーんと船外機以上のスピードが出て楽しかった。船外機で走って大勢の釣り客から罵声を浴びたこともあった。

一九八九(平成元)年、私は京都の国際日本文化研究センターに移ることになる。そのことは後述するが、それを機会に、「リリー・マルレーン」号一式は敦賀市の大学に勤め、地域の活動に熱心なT君に進呈することにした。

というわけで、やがて鬱期は明けていった。もうあれほどの鬱期も、その前の躁期も、少なくともこの文章を草している現時点まではやってこない。躁も鬱も、この年齢になるとごめん被りたい。どちらに転んでもその間仕事らしい仕事はできないし、家計を脅かす出費が多くなるだけである。

Ⅵ 人口減少社会における研究の展開
——1989-2019

文化勲章を受章(2009年)

第14章 梅原猛先生と日文研

†慶應から日文研へ

私は、しばしば歴史における「出会い」を大切なことと考える一人の学徒である。そういう「出会い」の意味を教えられたのは、確か一橋大学の増田四郎《ますだしろう》先生だった。「出会い」といっても人と人との間ばかりでなく、異文化国家間の「出会い」から、社会的価値観の異なる集団間の非平和的「出会い」まで色々あるが、ここでは梅原猛《うめはらたけし》先生個人との「出会い」を、その時期の自分自身を思い出しながら顧みたい。先生との「出会い」によって、本来ならあり得なかったはずのことが、生涯歩む「道」となったのである。

この機会に梅原猛先生との「出会い」について、具体的に、記録を少々繰ってみよう。それは私が慶應義塾大学で経済学部長を勤め、一九八九年九月末には任期も終えることになっていた頃に始まる。手帳には、一九八九（平成元）年七月二六日（水）の欄に、「京都日文研《にちぶんけん》」と赤字の記入がある。「日文研」に関して、それ以前には全く記入はないので、恐らくこの日に後述する最初の電話を梅原先生からいただいたのに違いない。
先生が所長となって「国際日本文化研究センター」が京都に設けられることは知ってはいたが、自分には関係ないことだと思っていた。梅原先生ご自身から直々の電話だったのだが、私はご著書を読んだことはなく、たぶん先生も、それまでに刊行された私の著作をお読みにならずに、経済学関係の誰かを「日文研」の一員としたいので、慶應のどなたかを推薦してほしい、ということなのだろうと推察して受話器をとった。以下のようなやりとりは私を驚愕させるには数秒とはかからなかった。以下に会話を再現してみよう。
梅原「速水さんですか」
速水「はい、そうです」
梅原「今度、京都に国立の研究機関として、「国際日本文化研究センター」を開設することになり、私が初代所長として、来ていただく先生方にお願いしております。速水先生にぜひ来ていただきたいので、一度お目にかかりたくお電話しました。御都合をお聞かせ下さい」
私はあまりのことに、しばし絶句してしまった。その間に、現時点で慶應を辞めて他へ移ることの意味、文部省との間で進みつつある「新プロ」研究費計画(国際競争力のある文系の研究分野に一年一本、高額の研究費——確か年五〇〇〇万円を五年間——を与え、その分野の研究水準の飛躍的発展を図る)はどうなるのかなどが頭の中を次々によぎって返事ができない。やっとの思いで、「先生、ありがたいことですが、私にとりまして大ごとなので、考えさせて下さい。どちらへお返事すればよいのでしょうか」と返事をしてようやく受話器を下した。わずか一、二分の電話なのに、大汗をかいてのやり取りだった。

それからが大変で、もう生涯最後の棲家も東京だと思っていたから、万事それを前提とした生活設計が続くものとしていたし、文献・資料を集める研究拠点も、ここ東京だと思いこんでいた。京都に移るとなるとそれが根底から覆り、慶應は定年まで五年以上を残して退職し、一九六〇(昭和三五)年以来住み続けた東京・杉並区の我が家も三〇年にして京都に移ることになるのか(結果的には、私は京都に単身で暮らすことになったのだが)、と早急に決めなくてはならないことが次々と頭脳に押し寄せてくる。

せっかく「新プロ」が通っても、うまくやれるか心配だし、とにかく「梅原台風」の第一撃によって、もしそれを引き受けるなら、立てていたこれからの予定はすべて根底から変えざるを得ない。

もっとも、いったい梅原先生がなぜ私を? という疑問はわからないまま残った。先生のご専門は、私の「歴史人口学」とは交わりそうにない哲学である。とはいっても、先生の場合は対象とされるフィールドはそう単純ではなく、日本古代から文学、宗教学まで拡がっているのだが。

先生がご自身で私の業績を読まれ、それを評価されたとは考えにくい。どなたかに聞かれたのだろうが、私は経済学部出身で、ずっと経済学部に在籍してきたとはいえ、自分のことを経済学者だとは思っていない。経済史を学びながら次第にそれからも離れ、「歴史人口学」という、歴史学と人口学の綜合領域が自分の専攻だと思っている。そんな私が、現在たまたま慶應義塾大学で経済学部長を務めている次第で、そのあたりの事情を、たぶん先生はご存じないだろう。あるいは関係のないことなのかもしれない。

いずれにしても迷いに迷う次第となってしまった。私の指導教授であった野村兼太郎先生か高村象平先生がご存命だったら相談に乗って下さるのだが、お二人とも他界されている。私ももう還暦近いのだし自分で決めなければと思いながら、なかなか結論が出ず、とうとう当時の石川忠雄《いしかわただお》塾長にお会いしてご意見を聞くことになった。

石川塾長からは、「ああ、その研究センターですか、僕も設立のお手伝いしましてね」とにこやかに応じられ、「速水君、ぜひ慶應の学問を持って移って下さい。ただし、今の学部長職はきちんと勤めて下さい」と明快な言葉をいただいた。

これで悩みも一つ消えた。よし、慶應の方は辞めて移ることにしよう。あとは家族のことだけだ、と八月中には方向がほぼ決まりかけたのである。早速、梅原先生に電話した。遺憾の極みだが、その月日については手帳に記載がない。おそらく最初の電話から数週間後、慶應の私の研究室と古文書室に来ていただき、自分の研究にどれだけの空間や機器・補助人員が必要なのかを見ていただくことにした。

†梅原猛先生からのお誘い

今から考えれば無礼極まることだったが、先生は約束の時間にお一人で三田の研究室に来られた。当時、私は自分の研究室の他に、地下一階の古文書室と隣接の部屋を使っていたが、もっぱらその部屋を研究室としていた。文部省の研究費や、その他の研究費をいただき、私設の秘書を置くこともでき、ようやく認められるようになった時間と費用のかかる「歴史人口学」研究は、何よりも集団的研究であり、その遂行のためにはある程度のスペースが必要であった。

古文書室には、核として野村先生の収集された近世農村史料や、それまでに収集した内外の歴史人口学関連文献やマイクロフィルムが収納されていたが、それらを解読する装置や、若い大学院生や研究者が使う閲覧装置類が机や椅子とともにいくつも詰まっていた。

梅原先生にそうした道具類や部屋を示して、「歴史人口学」研究にはこれだけの装置類や研究スペースが必要であることを丁寧に説明した上で、私は、新しくできる「日文研」がこういった歴史人口学研究の拠点になることを強く望むこと、科学研究費の「新プロ」として採用される可能性があることなどを説明した。同時に、今までの成果についても国際的な水準にあることを含めて、日本の史料（宗門改帳）がいかに優れたものであるかを諄々《じゅんじゅん》と説いた。先生は一時間ほどして帰られたが、その時は無言であった。

このような多くの機具類や人員の集団的研究を積極的に取り入れる研究は、およそ梅原先生の学問姿勢と異なることは明らかなので、その日の私の説明に納得していただけたか否か、全く自信はなかった。

数日後のことである。梅原先生から電話が来て「速水さん。ぜひ「日文研」に来て下さい」と言われた。私は半分は驚き、半分は嬉しかった。たぶん先生は何人かの設立委員と相談されたのであろう。結論として私は「合格」だったらしい。

「さあ大変」である。一九四五（昭和二〇）年の入学以来四五年近く所属した慶應は定年まで五年となって、嫌になったから辞めるような大学では決してない。戦後新しく始められた海外留学制度の恩恵にも与《あずか》り、「歴史人口学」との出会いも、それによって可能だったではないか。義塾賞や福澤賞までいただき、私の業績も認めていただいている。そう思うと、いくら自分の今後の研究がより大きく開かれるにしても、ここで簡単にサヨナラしてよいものか、まだまだ悩みは尽きない。

梅原先生に自分を「売り込み」ながら、いざとなるとこのザマでは、何とも優柔不断の極みである。しかし、もうここまで来たら、私は慶應を退職し「日文研」に移るしか道はないのだ。

いかなる誹謗を受けようと、「歴史人口学」という新しい研究分野、しかも近世の日本で作成された史料（宗門改帳）が、他国の資料に較べて遥かにこの分野の研究に優れているために、私の残された研究時間を、その史料の収集、分析、国際比較研究に捧げようと決めたのである。慶應義塾大学が嫌になったわけでは決してない。

ただ、私立大学であるために、たとえば試験答案の枚数、入学試験の業務などに現れる教育上の負担はきわめて大きく、私の研究時間を縮めているのは避けることのできない事実である。学部学生のいない研究機関である「日文研」へ移る理由は、この一点のみであり、最後の五年間の学部の講義などを必須とする専任から外していただくことを決心した。九月最後の教授会の議題とし、私自身は退席して、専任を退職（学部長職は、ちょうど任期が終了するので、議題とならず）することが決まった。

†京都へ移る

家族は移らないので、京都では一人住まいである。買い換えたスバルのレオーネに生活用具や研究に当面必要な物を積み込み、東名・名神高速を走る。初日は京都のホテルに泊まり、翌朝、公務員宿舎に到着した。「日文研」の職員の方も来られ、荷物を四階の部屋に運び入れる。ここが新しい住まいとなった。単身赴任には十分な広さである。すぐ前を阪急の京都線が走り、反対側は自衛隊宿舎なので京都の街らしくはないが、まあいいとしよう。近くの踏切を越えてまっすぐ坂を上がると国道九号線に出て、さらに行くと西京区の中核部につながる。区役所、郵便局、銀行、デパートが入るビル、駐車場などが密集する西京区の中核地があり、マンションがそれらの建物を囲んでいる。

肝心の「日文研」は、そこから離れた山裾にできるまでは中核地にあるビルに仮住まいしていた。机が一つ与えられたが、これでは、「歴史人口学」の展開もできず、ちょっとがっかりした。梅原先生も東京に出ておられる日が多いのか、全員の会議が開かれるような時以外はあまりお会いすることはなかった。

私も、仮住まいの日文研の時期には、むしろ東京にいる時間の方が多かったかもしれない。手帳にも東京の地名が頻発しているし、新幹線という三時間以内で東京へ運んでくれる手段のおかげで、時間的なロスは強くは感じずに済んだ。

ただ、行ったり来たりでは本格的な仕事はできず、せいぜい読書をすることぐらいだった。「日文研」の新しい建物は、仮の場所からやや離れて国道九号線を奥に行き、右折して住宅地を横切り、山裾まで行かねばならなかった。折に触れ様子を見に行ったが、新しい建築様式をめざす建築家の設計で、他にはない特徴を持っていた。ここで思いきり研究ができるのだと思うと意欲が満々と沸いてきた。

研究費の方は一年目は通常通りで、新しい「日文研」の建物ができてから「新プロ」としての研究費が出ることになるので、国際的研究を進めるにあたっての海外のメンバーの選定などの準備を十分に余裕をもって進めることができ、かえって恵まれていたとも言えよう。

「日文研」の建物がほぼ完成し、私たちがそこへ移ったのは、メモによると一九九〇（平成二）年七月二五〜二八日のことであった。建物自体が森林の緑を借景とし、逆方向には大阪方面へと通じる新幹線の走る平端部が見降ろせる傾斜地にある。入り口を一階とすると、廊下を歩いて図書館の前を通り、コモンルームと名付けられた広間に出る。二階は吹き抜けで解放感があり、そこには受付と数脚の机を囲むソファが置かれてかなり広い。専任者同士の、あるいは外部の方々との打ち合わせなどには最適な配置であろう。

私に与えられた個室は一階の南側で、まず何よりも西山の傾斜がすぐ近くに見え、遠方まではかなりの標高差があるので、東京ではあり得ない窓からの風景だった。毎朝部屋へ入ると、この斜めの風景をじっと眺めてから、椅子に座って仕事を始めることにした。入って左に行くと事務室があり、同じフロアに講堂があった。下ると食堂があり、付近は開発途上で食事はそこでしかとれなかったが、担当の方が南極観測隊の厨房担当だったのは国立の研究機関同士の人事だからこそできたことだろう。

当時のメモ帳を繰ると、東京での用件が結構多く、相変わらず毎週のように往復している。

社会経済史学会の会長だったことと、七〇年代初めからやっていた数量経済史研究会のことなどで忙しかったのは覚えている。また、理事をしていた国際経済史学会が四年ごとに開かれるのだが、一九九一年大会に日本からの報告者を決める仕事もあった。さらにメモ帳には「病院」の二文字が時々書かれているが、その頃にどんな病気でどこの病院へ通ったのかは思い出せない。

というわけで「日文研」に移ったものの、梅原先生とゆっくり話す機会もなく一年が過ぎてしまった。

†日文研の梅原先生

その頃の梅原先生は、古代日本のありようについて従来の歴史家の解釈に一石を投じた『隠された十字架——法隆寺論』（一九七二年）以来、通説とは悉《ことごと》くといっていいほど対立する考え方に立脚する作品を次々と出版されている最中で、一方では、新設の「日文研」の所長という職をもちながら、他方では、自説を貫く作品の出版と、六〇歳前後の脂の乗り切った日々を送られていたのだと思う。私一人が「日文研」のメンバーになったことなどに構う時間はなかったに違いない。

「日文研」は、京都の街を挟んで、東山山麓にある先生のお宅の反対側にある。車で京都の町を横切るには最低でも四〇分はかかるだろうし、通勤時間だったら一時間ほどかかったかもしれない。その間、先生は何をされたのか。私の全くの推定だが、おそらく秘書を同乗させて自分の考えを口述し、録音をとってらしたのではないかと思っている。車の中はいわば密室なので仕事上の連絡も入ってはこないし、自分一人になれる所である。そこで浮かんだ発想や骨組みを録音し、後で文字にすればよいのだ。

ふと、そんなことを考えたが間違いだろうか。誰かが先生と一緒に地方へ出張する時に、先に駅にいらした先生は、スポーツ新聞を開いて待っていたと聞いたことがある。つまり、時間の使い方に気を配られる方なのだ。だからこそ、あれだけの量の著作が出版されたのではなかろうか。出版も特定の出版社に偏らず、日本の主要出版社各社が争って先生に執筆をお願いしていた。

†研究本拠としての日文研

ようやく「新プロ」の研究費が交付されたのは、一九九〇年の六月だった。会計専門の方にも手伝っていただき、助教授二名（専任教員は個別の部屋を与えられたが、それとは別に）を含め、合計一〇名近くの方が　地下一階（といっても傾斜地なので、この地下一階はそこでは一階に相当する眺望をもっていた）の広い部屋を使うことができた。慶應義塾大学時代に梅原先生を私の部屋（古文書室を含んだ）にご案内したからであろうか。

私は、部屋の入口にダンテの『神曲——地獄編』の有名な語句"Lasciate ogne speranza, voi ch'intrate"（「この門をくぐる者、すべての望みを捨てよ」）の一行を帖って、「歴史人口学」がいかに苦しい道かを示す警告とした。室内には何台ものパソコンが林立し、工場を思わせる雰囲気だった。色々な縁故で六、七名の研究補助員が毎日キーボードに向かい、指定された様式の入力を行っていた。

「新プロ」では前述のBDS方式に統一したし、ほかでもこの方式を使うようになったと思う。その理由の一つは、このBDSから、コンピュータ入力が容易にできることである。私自身は、むしろコンピュータ任せの仕事は苦手なので、ロー（老）テク歴史人口学研究者だと思っているのだが。自分で開発しておきながら、そのBDSの意義については、あまり深くは考えなかった。

それを日本における歴史人口学発展の重要なステップであると指摘したのは、アメリカの若い日本史研究者、ファビアン・ドリクスラー氏である。氏は、私が八〇歳になったのを記念して出版した二冊の英文図書を論説する中で、BDSが大規模な人口動態を整理・分析する革新的なデバイス（考案）であると評してくれた。

現在の日本では、もう誰がその方法を開発したのか問う者もいないほど、全員が用いているのだが、BDS以前は、宗門改帳の記載にそのまま従って、一年一世帯ずつの整理票に縦書きで書き写していた。場所にしても、国・郡町村名を一枚一枚書き込み、年代も和年号で同じ宗門改帳なら、同一の年代を入れ、その西暦をカッコで書き込んでいた。

これが、最も原資料の記載形式に近いと信じて何百枚、何千枚の縦書きの写しが作られていたのである。史料が少なければそれも苦痛ではないのだが、歴史人口学の時代に入り、全国の宗門改帳・人別改帳が利用されるようになると、この方法は欠点を露呈する。無駄な記載が多すぎるし、統計作成の段になると、そのままでは使えないことがわかってきた。

このような整理方法の変革は、私の中では趣味の延長であり、鉄道時刻表を「読む」者にとっては何も大げさなことではなく、誰でも考えることだろうくらいに思っていた。したがって、二〇一四年のドリクスラー氏による指摘には驚いたが、言われてみれば、なるほどそうだったのかと思わざるを得ない。

もう一つ大きな助けとなったのは、専任の助手として一人教員を採用できたことである。「日文研」が専門の如何《いかん》を問わずに助手一名を採用するというので、どっと志願者の応募があり、篩《ふるい》にかけるうちに最後に残ったのが二名となった。私はたまたま選考委員の一人だったのだが、たしか中国を研究したいという候補と、アメリカに数年留学し社会学の学位をとった候補がいて、この二人目の候補がわれわれの研究にかなり近く、この人なら歴史人口学の国際的遂行や、この研究センターの国際活動に大いに役立ってもらえるのではなかろうかと考え、その点を強調して結局はその候補を採用することになった。

それが黒須《くろす》里美《さとみ》さんである。現在、麗澤大学教授の一人となり、同大学が国からも支援を受け、歴史人口学・家族史研究の中核となっていることを考えるならば、あの時、黒須さんを助手に採用したことは正解だったと思う。英語に堪能な彼女は、「日文研」でもどこでも、国際的活躍にははまり役だった。ただし、会議における梅原先生の発言は英訳が難しいといつかこぼしていたけれども。

†梅原猛の「哲学」

一九九二(平成四)年、梅原先生は文化功労者に選定された。日本の哲学界は、最初に西洋哲学を学び、それを基盤として人間の行為、思想、作品を取り扱う。極端に言えば、日本の哲学とは西洋哲学の応用である。ただ西田幾多郎一人だけが、翻訳ではなく独自の造語をもって自己の哲学を築き上げたのではなかろうか。その西田哲学に蝟集《いしゅう》した学徒にしても、西田の造りだした難解な概念をどこまで理解し、自分の概念として使用したかにも疑問があるだろう。

ごくはじめは西洋哲学を学ばれただろうが、終戦とほとんど同時に京都大学に入学された梅原先生は西田哲学の波には巻き込まれず、むしろ「日本とは何か」という基本的な問いを古代の歴史や文学、思想にぶつけることで形成していった。西欧からそうした思想が入るのはずっと後のことであり、ユーラシア大陸の東端に位置する日本にとって外国といえば、中国・朝鮮・東北アジアしかなかったし、したがって、政治であれ精神的変化であれ、何事にせよ変化は、国内事情か近隣諸国との関連で生じる。古代日本、あるいは古代東北アジアの歴史は、日本を知るための鏡として決定的に重要な舞台になってくる。

梅原先生は、このことを軸（同時に字句）にして物事を考えられた。「哲学の道」にほど近いご自宅には、少しでも日本の「空気」を吸うことができるよう、何百年も昔の古建築物の解体があると、わざわざそれを求められ、ご自分の家屋の一部とされるほどであったと聞く。左京区若王子《にゃくおうじ》のお宅は、お庭から比叡の山が続く壮大な背景を持ち、二代前の居住者が和辻哲郎《わつじてつろう》だったこともうなずける。そのような大きな考え方を形成させるには、お庭が比叡の峰まで続き、お宅の柱が何百年もの日本の空気を吸っていることが必要であったのではなかろうか。

†文化勲章の受章

私の研究について、先生からは遂に何も評価をいただけずに終わるのか、と思っていたのだが、思わぬことから事態は進んだ。自分のことなので書きにくいのだが、私は、二〇〇九年に図らずも文化勲章を受章した。梅原先生に遅れること一〇年である。全く予期せずして与えられた名誉であるが、これもひとえに「日文研」で思い切り、それも国際的な研究活動ができたからである。

二〇一〇年のある日、「日文研」を去ってから一〇年になっていたが、お祝いの行事があり、私はあの「日文研講堂」で、自分の来た道を白幕に映しながら一時間半ほど講演をすることになった。それは本当に晴れがましい一時だった。日文研に来たからこそ、「歴史人口学」の国際的中心となって、思う存分に研究成果の発表をすることができたし、国内に「歴史人口学研究会」もでき、国際的には人口学研究の中心機関であるIUSSP（国際人口学研究連合）からは、「アジアにおける歴史人口学の展開、発展に寄与した」という理由で表彰状をいただいた。

文化勲章を受章（2009年）

講演には、サポートしていた

だいた何人もの方も見え、この方たちの支えがあったからこそ今日があるのだと自覚した。講演は「人類の遺産——徳川日本の宗門改帳」という題名で、日本がいかなる人口変動を経験し

（上）ピーター・マサイアス氏と（1998 年）
（下）エマニュエル・トッド氏と（2008 年）

てきたか、今、それはどこまでわかっているのかというマクロな観察から、それぞれの地域の特徴ができてくる理由は何かを、できるだけ地図を使って説明した。最前列に座っていた梅原先生は、一時間半の間じっと聴いて下さったが、講演が終わると私のそばへ来られ、「速水君、僕はやっとあなたの学問がわかりましたよ」と言って下さった。思わず涙がこぼれそうになるのをこらえて「ありがとうございます」以外に何が言えただろう。

その日の講演では、最後に二つの問題を指摘した。まずは日本国内について。江戸時代の人口・家族研究から、日本の民族的構造は、第一にほぼ富山岐阜間をつなぐ線より東、第二にそこから西、第三に東シナ海沿岸地域、の三地域が家族のあり方、結婚年齢、家畜（馬か牛か）の点で明確に異なり、これは日本に渡来した民族がそれぞれ持つ特徴と考えられる。つまり日本は複合民族国家であると考えるべきである点。

次に、日本のみならず中国大陸沿岸部、韓国（済州島を含む）・琉球・北海道と樺太・千島の原住民といった大きな視野から、これらの比較研究を通じて各地の人々の住み分けが決まって来た過程を検討すべきであるということである。まだそこまでは達していないが、そこが最終目標であることを報告した。

報告を済ませて、自分はいつの間にか、梅原先生の考え方に近づく以上に、取り込まれてしまっているのではないかとさえ感じた。梅原先生との「出会い」は決して偶然ではなく、私の中の自分でも気が付かなかったものを引き出して下さったのである。

第15章　勤勉革命の提唱、人口減少社会への提言

†「勤勉革命」

歴史人口学の学徒として、私が長きにわたる研究生活のなかで最も社会的に高く評価されたと感じたものの一つが「勤勉革命」という言葉を提唱したことである。

かつて、歴史人口学の本をまとめていく中で発見した事実がある。一七世紀後半の、濃尾《のうび》地方の主に各村の土地の価値、家数、人口、そして家畜の調査をした史料があった。そして、一五〇年近く経った一八一〇年代に同じく尾張藩領一一〇〇ヵ村をすべて調査した史料がある。

それらを色々と比較してみて確実に言えるのは、人口は増えているのに、家畜はむしろ減っているということだった。家畜が減っているのに生産量も生活水準も低下していない。つまり、それまで家畜が担っていた仕事を人間がやるようになったのである。人間はその頃、より長く、より激しく働く、つまり「勤勉」になったに違いない。そのことを、私は「勤勉革命」と名づけた。

たとえば、一七世紀の人たちの平均寿命は三〇歳以下だった。それが一九世紀に入ると四〇歳くらいと、一〇年以上も平均寿命が伸びていく。その間の変化は家屋や着るものがよくなったとか、生活水準が向上したくらいだ。まだ近代医学もなかったにもかかわらず、そのような状況で激しく長時間働いて平均寿命がむしろ長くなっていることをどう説明したらいいのか。

一七世紀以前はどこでも、働くということが苦痛であったに違いない。つまり、働けど一向に暮らし向きがよくならないという状態では、人間は鞭で打たれない限り働こうとしない。そして鞭で打たれたら労働効率は非常に低くなる。しかし、もし長時間激しく働いて、それが自分たちの生活水準の向上になって返ってくるなら、みな一生懸命に働くだろう。

このことを指して、「労働が強化された」という表現をする人もいるが、私は人が「勤勉になった」という表現の方が適していると思う。つまり、働くということに一つの道徳性が与えられる。江戸時代の農業書にも「働きなさい。その分、報いは必ずきます」という意味のことが書いてある。それを私はヨーロッパの「産業革命（industrial revolution）」に対して、「勤勉革命（industrious revolution）」と名づけたのだ。

この用語は、その後海外でも使われるようになる。アメリカやイギリスの経済史学者たちがその言葉を使って説明をする。私の使い方と多少ニュアンスが違うところもあるが、とにかく私が「勤勉革命」という用語を作り出し、それが国際的に使われるようになるというのは、とても嬉しかった。

†「スペイン・インフルエンザ」の研究

私は歴史人口学の学徒として何冊かの著作を刊行してきたが、その中で、やや異色なのは『日本を襲ったスペイン・インフルエンザ——人類とウイルスの第一次世界戦争』（二〇〇六）である。

「スペイン・インフルエンザ」は、大正時代の日本に発生した伝染病である。一九一八（大正七）年に発生した新型インフルエンザ（通称スペイン風邪）で、当時「流行性感冒《かんぼう》」と呼ばれ大流行した。しかし推定死亡者数約四五万人以上ともされるこのインフルエンザはなぜか歴史の片隅に追いやられ、日本史年表などにも記載されていない。

第一次世界大戦中、世界中でこのインフルエンザが流行していたが、中立国であったスペインだけが自国のインフルエンザ流行を発表したため、以降不幸にも「スペイン・インフルエンザ」と呼ばれるようになった。しかし、実際は現在でもスペイン・インフルエンザの原発生地は不明である。

世界的に猛威を振るい、日本も例外ではなかったスペイン・インフルエンザの流行が始まって一〇〇年が経つ。このインフルエンザによる世界の死亡者数は、研究が拡大するにつれて増大し、現在では四〇〇〇万人以上とみられている。これに算定不能の国や地域を加えれば、世界人口の二パーセントがその犠牲になったことになり、これは二〇世紀最大の感染症による人類の損失であった。

にもかかわらず日本では、このスペイン・インフルエンザに関する研究はほとんどされて来なかったし、文献も、翻訳を除いて、ごく最近まで出版されていなかった。

その理由の一つに、本来、世界的に流行した感染症(パンデミック)であったにもかかわらず、これを「スペイン風邪」と呼ぶことにより、歴史上の大きな事件として取り扱われずに来たという問題がある。しかし「風邪」と「インフルエンザ」は、医学上全く異なるもので、風邪は一種の症状として、色々な理由から身体に取りつくが、だいたいは病院へ行かなくても市販の薬か、あるいは数日の安静で治ってしまう。

それに対して「インフルエンザ」は堂々たる感染症で、元来はトリの間に病気を起こしていたのが、変異を起こしてヒトの細胞を住家とするようになり、ヒトからヒトへと伝染した。また、インフルエンザ・ウイルスにはいくつもの種類があり、毒性が異なると同時に、あるタイプのウイルスに対する予防ワクチンを受けていても、流行している種のインフルエンザには効かない。

このように、「風邪」とは違い「インフルエンザ」に対しては国際的な防疫《ぼうえき》体制が組まれ、ウイルスとの間には一種の戦いが進められている。「スペイン・インフルエンザ」は、一九一八から二〇年にかけて地球上の人類を襲い、四〇〇〇万人という、第一次世界大戦の四倍以上の命を奪った歴史上の特筆すべき出来事であった。

公的な統計や記録だけでなく、新聞記事を集めることに力を入れ、全国紙と地方紙を一府県最低一紙の方針で収集することにし、約七〇%の新聞記事を集めることができた。また、軍隊、地域、企業、学校、文壇などの資料も可能な限り集めるよう努力した。

たとえば、国内でのスペイン・インフルエンザの死亡者数は三八万五〇〇〇人とされており、厚生労働省などもこの数字を使っているが、その根拠となっているのは、流行直後に内務省衛生局がまとめた『流行性感冒』だった。しかし、この調査書をよく見てみると、ある県はまったく載っていなかったり、あるいは大阪府は半分しか載っていないなど、量的に不完全なものだ。

また、流行性感冒による死亡とあっても、肺炎や結核などを患っていた人がかかると死亡率が高くなるが、その死亡原因を流行性感冒とするか肺炎とするかは最後に看取った医師の判断次第である。そこで私は改めて、もしインフルエンザが流行していなかったらどうなっていたかという一定の水準を設け、それ以上はインフルエンザで死んだと見なす「超過死亡」を推計して約四五万人とした。

その後、これだけ多くの犠牲者を出したスペイン・インフルエンザが、人々に忘れられてしまったことは不可解だが、この本ではいくつかの理由を考えた。まず、日本人は嫌なことをすぐに忘れたいというメンタリティを持っているのかもしれない。しかし、アメリカでも同じような現象が起きていた。『史上最悪のインフルエンザ』の著者アルフレッド・クロスビーはその理由を次のように述べている。

①第一次世界大戦に対する関心がより勝っていた。②スペイン・インフルエンザによる死亡率は高いとはいえなかった。③突然やってきて人々をなぎ倒したが、あっという間に去り戻ってこなかった。④超有名人の命を奪わなかった。

これは日本にも当てはまる。当時の日本は精神的にも、社会的にも、物質的にも大きな転換期にあり、そうした状況のなかでスペイン・インフルエンザを「軽い病気」にしてしまったともいえる。

それまで出来事の歴史を書いたことのなかった私が、一冊を出版しようと取り組んで約三年、その間、藤原書店店主、藤原良雄《ふじわらよしお》氏の激励を受け、二十一世紀文化学術財団から支援をいただいた。

また、そもそも私がこのテーマで一書を世に送ることになる契機を与えていただき、同時に著作の過程で多大の労を割いて下さった小《こ》嶋《じま》美《み》代《よ》子《こ》さんに御礼申し上げたい。小嶋さんが「これどうしてなのでしょう」と、スペイン・インフルエンザに関する一つの表を示して下さらなかったら、私は多分この著書を書くことはなかっただろう。

†象徴としての「世界人口」

二〇一一年一〇月三一日、国際連合経済社会局人口部は、世界人口が七〇億人になったことを発表した。七〇億人目となるように産まれたフィリピンの女児には、記念のケーキが贈られた(「朝日新聞 電子版」二〇一一年一〇月三一日)。七〇億人目の子どもが誰かなどという細かい事実がどうしてわかるのかと疑問を持たれる読者もおられるに違いない。

しかし、この記事を発表した国連機関のホームページによれば、世界人口は七〇億というけれども、その約一パーセントの人口を擁すると思われる地域には調査が及んでいない。したがって、世界人口の正確な数字は誰も知ることはできない。つまり、この「七〇億人」という数値は象徴的なものでしかない。そして、そこには一九五九(昭和三四)年に世界人口が三〇億人に達したときから、二〇八三年に一〇〇億人に達するであろう日時までが記されているのである。

私自身、いつかパリの街を歩いている時、確かシャイヨー宮の人類博物館だったと思うが、現在の世界人口数が最後の一桁まで表示されていたことを思い出す。東京にも以前は簡単な表示をする建物があったが、現在では少なくもそこにはなくなってしまった。これなどは、人々に人口について考えてもらう面白い試みだと思うのだが、スポンサーの付かない広告のようなものなので撤去されてしまったのだろう。

国連のホームページの話に戻ると、世界人口の最後の一パーセントは調査されていないといっても約七〇〇〇万人にはなるわけで、ヨーロッパ主要国一国の人口にも相当する。この部分が空白のままの推計なので、国連は、「世界人口が七〇億人に到達したのは、正確には二〇一一年一〇月末の前後六ヵ月の間だと考えられる」と曖昧に記述している。

読者の皆さんは、世界の人口数というごく単純な事実すら正確に把握されていないことに驚かれるかもしれない。しかし、世界には戦争、特に内戦によって政府の統治機能が失われ、人口調査、出生・死亡・移動の把握が十分にできない国や地域があるということを知ってほしい。

私は、むしろそういった事柄にもかかわらず、世界人口を誤差一パーセントの範囲で捉えることができることをポジティヴに考えている。そして諸人口調査の不十分な地域は西アジアやアフリカにあるが、ともかく一年でも早く、これらの地域の安定化とともに、正確な人口諸指標が得られるようになることを望んでいる。というわけで、現時点で世界人口という時、ごく僅かではあるが誤差を含むことはやむを得ないのが実情である。

†世界人口の不均衡

人口の趨勢を見ると、戦争の終わっていた一九五〇年、世界人口は二五・三億人だったから、この六〇年余りで三倍近くに増えたことになる。その中でも最も増加が激しかったのはアフリカで、最近五年間をとっても出生率は死亡率の三倍に達する。一方では、ヨーロッパのように出生率と死亡率が同率となっている地域もあるし、もう少し細かい区分では、東ヨーロッパでは死亡率が出生率を上回っている。つまり、人口は明白に減少しているのである。今では日本もまた人口減少国の一つとなったのだが、東アジア全体としては依然として人口増加地域である。

最も深刻な問題は、ある国（ほとんどは先進工業国）では人口が減り出しているのに、他の国（ほとんどは開発途上国）では、少なくとも今世紀を通じて人口が増大することである。その結果、一九五〇（昭和二五）年にはほぼ一対二であった先進国と途上国の人口比は、二〇〇〇年には一対四、二〇五〇年には一対六、二一〇〇年には一対六・五と大きく開いてしまう。

もちろん、現在の途上国がいつまでも「開発途上」であるとは言えないが、このような世界の人口分布のアンバランスを前に、地球上の人類は平和を保つことができるだろうか。この問題は二一世紀の世界が直面し、解決を迫られる最大の課題であると言えよう。すでにアフリカの地中海沿岸地方には、ヨーロッパへの移住を求めて中・南部アフリカから移ってきた人々が渡航の機を窺っている。中国にも、アフリカからの多数の移住者が住み、異文化接触の火花が散っていることが報じられている。国際間人口移動の持つ難しい問題である。

†日本の人口変動

現在の世界では、一年間に一・四億人が生まれ、五六〇〇万人が死亡している。細かくみると、一日に三八・四万人が生まれ、一五・三万人が死亡し、さらに微細にいえば、一時間に一・六万人が生まれ、六四〇〇人が死亡するのが現在の人類の生と死の姿である。もっと微細に見ると、毎分平均して二六六人が生まれ、一〇七人が地球上のどこかで死亡している。

この数字で測ると、東日本大震災の死亡者(行方不明者を含む)は、世界全体の死亡数三時間分を日本一国――それもほとんどは東北日本一地域――でほとんど瞬時の間に失ったことになり、やはりその深刻さを何よりも明白に物語る証拠と言えるだろう。

同じことを日本一国について考えてみると、二〇一〇年一〇月一日の国勢調査人口によれば、日本の人口は全国で一億二八〇五万七三五二人であり、前回の国勢調査人口より微増したが、すでに増大のピークを越え、減少局面に入っている。といっても、全国の都道府県が同じような推移を示しているわけではなく、二〇〇五年と二〇一〇年の間に、首都圏の四都県と愛知・

滋賀・沖縄各県では、僅かではあるが増大が続いている。しかし将来推計によれば、この増大も二〇二五年以降には終わり、全都道府県が人口減少に入る。

いわゆる「過疎地域」は全国的に広がっているが、府県単位でみると、一九八〇年代後半の高度成長期から目立って増えてくる。八〇～八五年には秋田県で微細な減少をみたに過ぎなかったのが、八五～九〇年には一八の県で、九〇～九五年には一三県といったん減ったが、九五～二〇〇〇年には二二県と増え、二〇〇〇～〇五年には三二県と全府県の半ばを越え、〇五～一〇年には三八道府県となった。

それに対して、増加は首都圏一都三県、愛知、滋賀、大阪、福岡、沖縄府県のみとなってしまった。首都圏、愛知県、大阪府が増加を続けているのは大都市を擁し、都市化・工業化の先進地であることから理解できる。

人口減少地域は、奥羽地方、四国・九州地方から始まり、現在では、北陸、中国の全県に広がっている。しかし人口変動は出生と死亡の差、すなわち「自然増減」と、人口の流入と流出の差、すなわち「社会増減」という異なる二つの内容からなっている。国際移動についてはひとまず措き、国内移動に限ってみると、人口の自然減少を見た府県は、上記の全体として減少を見せた府県と全く一致する。

それでは社会増減は各府県の人口変動に何も影響しなかったのだろうか。答えは否である。

たとえば東京都を例に取ると、二〇〇五〜一〇年の自然増減は〇・三%という微々たるものであり、恐らく次の五年間にはマイナスを記録するであろう。しかし、社会増減はプラス四・三%であり、このことが、東京都のこの期間の一年平均の人口増加〇・九%という全国で二番目に高い増加率となるのである。しかし、その東京都も、予測によれば二〇二〇年をピークとして減少に転じ、日本全国四七都道府県のすべてが人口減少地域となる。

†高齢人口の増大

もう一つ確実に言えることは、高齢人口の増大だ。現在の日本は人口全体の約二五%近くが高齢者だが、その割合は年々増加し、二〇二〇年には二九%、三〇年には三二%と増え続ける。

政府の負担する年金は増える一方なのに、国会では、やれマニフェストにないだの、同一政党内での意見が一致していないだのといって、貴重な時間がどんどん失われている。二〇一二年から、戦後生まれの団塊の世代が高齢者の仲間入りをした。とすれば、今こそこの問題を長期的視野から捉え、ソフト・ランディングの方法を探るべきなのではなかろうか。もとをただせば、人口の問題から始まったこの課題に正面から取り組むことなく、目をつぶって来た政治家は根本に立ち返り、直面している状況を正面から国民に説明し、その打開法を示すべきであろう。

というわけで、日本全国が人口減少府県となるまでには、あと一〇年足らずしかない。そうなったら、日本の社会や経済にどのような変化が起こるのか。まず現在永田町で議論されている少子高齢化に伴う問題、特に年金の負担と受給のバランスはさらに悪化し、国民の負担はより高率にならざるを得ない。

人口減少によって国内消費市場は縮小し、現在でさえ何十兆円にも達する「売れない」商品を抱えている製造業や流通業は、さらに顧客を求めて激しい生き残り競争にさらされるであろう。交通業・観光業もいかに客を呼び込むかに苦労しなければならない。せっかく建設したインフラが無用の長物になることさえあり得る。不況になることは必定だから、就業率は低下するだろう。そのことから、犯罪や不法行為が増える可能性も高い。

†我慢の時代

最も困難な状態になるのは政府であろう。年金支出額は増え続けるが、租税収入は消費税であれ所得税であれ減少する。かといって税率を引き上げようとすれば現在起きているような混乱は避けられない。国債発行は、現在もう目いっぱいまで来ていて、これ以上はできない。結局、どの政党が政権を取っても同じだということになる。それが国民の政治不信になるか、政党の合従連衡《がっしょうれんこう》になるか、最悪の強権政治になるか、私には予想もつかない。願わくは最後の選択だけは避けてほしいものである。

私の主張は、「この一〇〜二〇年間は我慢すること」である。どの政党だって、生活水準をしばらく下げてくださいと言って票を集められる党はない。しかし、まずは事実を明らかにし、中長期的視野から処方箋を提示するなら、「政権交代」が何度か起こっても国民は理解するだろう。

だいたい、今までどの政党も自分たちの延命だけを考え、長期的な視野に立つ政治をないがしろにしてきた。要するに必要なのは、今が「我慢の時」だと認識することである。戦後日本が焼け野原からここまで復興し、発展することを誰が想像しえただろうか。そのことを考えれば、一〇年か二〇年の少々の我慢はできる、と私は考えている。

しかも、今われわれが直面しているのは、トマス・ロバート・マルサスの言う人口増大の結果ではなく、その増大から減少する社会への転換である。人口が減ることは、上記のようなマイナス面ばかりではない。まず地価や家賃は下がり、交通の混雑は緩和され、空間的な「幸福度」は高くなるかもしれない。いくつかの教育機関——特に高等教育——は淘汰されるだろうが、進学もむしろ容易になるかもしれない。

高齢者率は上昇するが、高齢者数は二〇二〇年以降増加せず横ばいになるし、三〇年を過ぎると七五歳以上の後期高齢者も減り始めるという指摘もある。このように、いずれ高齢者数も一〇、二〇年先には減り出すのであって、それを前提とした高齢者対策が必要なのである。このように先が見えてくれれば、我慢のしどころも出てくるだろう。

出生数と死亡数を見ると、日本では二〇一〇年に一〇七・一万人が生まれ、一一九・四万人が死亡した。一日単位で考えると、出生二九三四人、死亡三二七一人である。一時間あたり出生一二二人、死亡一三六人となり、ほぼ三〇秒に一人が生まれ、二六秒に一人が死亡している。出生数も死亡数も、最高だった時期と較べると劇的に減った。

戦後における最高の出生数はベビー・ブームの一九四九（昭和二四）年で、二六九・七万人、現在の二・五倍、出生率は、現在の八・五‰に対し、三四・五‰と現在の四倍に達する。しかしこのベビー・ブームは比較的短期間で終わり、一九五五（昭和三〇）年には戦前のどの時期より低い二〇‰以下となった。死亡率が最も高かったのが一九四七年の一四・七‰だったが、現在の九・五‰と比較することには意味がない。

それよりも驚くのは、戦争直後のあの時期の高出生率・多出生数に日本はよく耐え得たということである。詳細な人口統計が得られないこと自体、当時の過酷な状況を物語っている。つまり、現在のように出産は病院でというわけではなく、多くは産婆さんの手を借りたわけだ。

乳児死亡率はもちろん高かったが、戦前水準（一九四〇年に九〇‰）は下回っていた（一九四七年七六・七‰）。しかし、乳児死亡率は戦後すぐさま低下し始め、戦後一〇年を経た一九五五年には三九・八‰、その一〇年後の一九六五(昭和四〇)年には一八・五‰と先進工業国の水準に並び、さらに下がり続け現在では世界最低水準に達している。

†少子化が日本の「伝統家族」を破壊する

このような少子化は、特に経済的問題としてさまざまな課題をわれわれにつきつけているが、社会的にももちろん大きな影響を与える。それは、日本の伝統とでもいうべき「イエ制度」を揺るがす大きな問題でもある。具体的にいえば、子どもの数が減り、いわゆる「一人っ子」が多くなると、「一人っ子」同士が結婚する割合が増える。

日本の伝統では、結婚は多くは夫のイエを継ぐか、または夫が養子となって婿入りするかのいずれかである。しかし、「一人っ子」同士の結婚では、結婚した夫婦がどちらの「イエ」を継ぐのかという問題が起こる。いずれか片方にすれば、継いでくれる夫婦のいない家族が多く出てくる。こういう「人口学的な」問題から、伝統的なイエ制度は崩壊する可能性すら持っているのである。

日本の伝統家族は、何よりもイエの継続、財産や墓地を含む「イエ」の具体的表象を守り継ぐ強固な存在であった。今日、形の上では「核家族」化が進んだように見えるが、盆・正月には本家、あるいは出身地へと帰る多数の人々のため、鉄道は臨時ダイヤを組み、高速道路は大渋滞が起こる。ふだんは「核家族」であっても、盆・正月は「直系家族」に戻るのである。

しかし少子化に伴い、そういった風景は今後急速に廃れてしまうだろう。イエ制度は、少子化という思わぬ人口統計上の変動によって解体とまでは行かないとしても、弱体化するに違いない。日本を支えてきた「イエ」制度のあと、どのような価値基準に基づいた社会に移るのか、未だ答えは見出されていない。要するに、日本は社会的に不安定なのである。現在マスコミを賑わす親子間のさまざまな軋轢《あつれき》にも、この社会的に不安定な状態が底流にあるのではなかろうか。

†先進国全体で起こっている人口減少

ここまで人口減少のデメリットばかり述べてきたが、人口が減ること自体は社会の近代化における自然な流れであって、心配する必要はない。

むしろ私は、人口減少は日本にとっていいことだとすら思う。大事なのは無理に人口を増やし続けるより、人口減少によって起きる事象の意味を考え、社会の変化に合わせた対策を実行していくことだ。

まず、人口減少は日本だけでなく先進国全体で起きている。人口動態を予測するには、合計特殊出生率（ＴＦＲ）といって、一人の女性が生涯で何人の子どもを産むかという指標を参考にする。

これまでの研究で、TFRが二・〇七人を切ると、二〇〜三〇年以内にその地域の人口が減るということがわかっている。長期的に見れば、どの社会においても近代化が進むにつれて、出生率と死亡率がそれぞれ低くなっていくのだ。

つまりたくさん産まれ、死んでいく社会から、医療の発達やインフラ整備、栄養状態の向上などによって人間が死なず、産まれる数も少なくなっていく。そのような社会への移行を「人口転換」と呼んでいる。

世界のTFRの推移を見ると、先進地域全体では、一九九〇年代に早くもTFRは二人を切っている。現在の世界全域のTFRは二・五〇人となっているが、これはアフリカをはじめとする発展途上地域が押し上げているのであって、先進地域に限って見ると一・六八人にまで低下している。欧州の主要国ではTFRが軒並み下がっていて、今後一〇年以内に全地域において人口減少が進むだろう。

†「マッチョな国」では子どもを産まない女性が増える

先進国では特にドイツ、イタリアのTFRが低い。この二カ国と日本に共通するのが、もともと父系が強い「マッチョな社会」である点である。私は密かにこの現象を、「女性たちの静かな革命」と呼んでいる。数値を見ていると、男性が優位な社会で我慢を強いられてきた女性たちによる、「もう子どもを産むだけの人生ではない」という意思の表れのようにも見えるからだ。

アジアでも人口減は止まらない。中国はすでにTFRが一・六人となり、韓国に至っては一・三人とかなり低い。最も遅いのはインドで、今も二・六人を保っているので減少が始まるのは他のアジアの国々より後になるだろう。南米やオセアニアでも徐々にTFRが低下し、二〇九五～二一〇〇年になるとアフリカ地域だけが唯一TFR二・一二人を保ち、他地域は全て二人を切ると予想されている。

日本では明治期に死亡率が下がり始めた。病気の流行や天災によって死亡率が跳ね上がる年もあるが、全体で見れば明治期から徐々に下がっている。そして出生率の低下は大正末年から始まり、戦後のベビーブームを経て本格的になる。終戦直後に四人を超えていたTFRは一九五〇（昭和二五）年に三・六五人、一九七〇（昭和四五）年に二・一三人、一九九〇（平成二）年には一・五四人、二〇一〇年には一・三九人と急速に下がっている。

かつて日本をはじめとするアジアでは、大勢の子どもや孫に囲まれて暮らすのが幸せという価値観が一般的だった。子どもの死亡率が高く、全員が元気に育つわけではなかったので、結果としてバランスもとれていた。しかし、現在は子どもの死亡率が低く、かつ生活における余暇や娯楽が増え、価値観が多様になっている。女性が子育てに見出してきた生きがいが、趣味などに分散するのはやむを得ないだろう。

さらに、女性の社会進出の機会が増えて（それ自体はすばらしいことだが）、出産適齢期がちょうど学問を修めたり社会に出たりする時期と重なるようになる。つまり、長期的に見て日本社会で出生率が下がるのは自明のことだ。

先述のように、私は人口が減ることはむしろ日本にとっていいことだと考えている。人口密度を比較すると、一平方キロメートルの空間に対して英国は二六一人、ドイツは二二九人、国土の広い中国では一四一人となっている。対する日本は三四二人と、明らかに人間が密集し過ぎている。せめて欧州並みにゆったりと空間を使える方がいい。私が考える日本の理想的な人口規模は、七〇〇〇万〜八〇〇〇万人。終戦直後くらいの人口である。徐々に減っていって、それくらいの規模で安定させるのがいいだろう。

†人口が減少か停滞する時期に文化が花開く——ペスト流行とルネサンスの関係

さらに歴史を振り返ると、文化が成熟し花開くのは、人口が減少または停滞している時期と重なる。たとえば江戸時代には、人口も領土もほぼ一定に推移した状況下で、世界に類を見ない文化の爛熟期を迎えた。また一四世紀にペストが大流行した欧州では、イタリアを中心に大勢の死者が出たが、この時期に同国からルネサンスが始まったのは偶然ではないと思う。人口が激減し、国力が衰えて没落してもおかしくなかったイタリアで、「再生」を表す芸術運動であるルネサンスが興り、欧州中に広まった。

なぜ人口が減ると文化が発達するのか。思うに、人口が増加する時代にはモノを増産して消費も増え、経済がどんどん拡大していく。一方、人口減少社会では生産量を増やす必要はなく、人口が減ることで一人当たりの所有物が増える。

社会が成熟し、人々は余暇を楽しむようになる。経済は停滞するが、代わりに芸術・文化にお金が回っていくのではないだろうか。もちろん、人口減少社会になれば必ず文化が成熟するというわけではない。人口減少をきっかけに拡大一辺倒から価値観を転換し、文化を成熟させる方向に社会やお金の回し方を変えていくリーダーが必要となる。

†人口の偏在と減少速度

私は、現在の日本の人口は多過ぎるので減るほうがいいと考えるが、「減り方」については深刻な問題があると思う。

まず、人口の偏在だ。現在、東京や大阪といった大都市への一極集中が進み、まるで打ち捨てられたような地方が増えている。おそらく東京にいると、人口減少といわれてもピンとこないだろう。大都市では今も高層マンションが建ち、交通網が整備され、近代技術を用いた都市づくりが進められている。

一方で、多くの地方がそうした恩恵に与れず、人口減少によって学校や公共機関といった最低限のインフラさえ、自分たちで賄えなくなりつつある。各地域の中核都市、さらにその下の市町村に人口を呼び戻す政策が急務となる。

また、日本はTFRが二を切ってからの低下のスピードが速過ぎる。このカーブが緩やかであれば、政府や自治体は高齢化対策を立てやすいが、ここまで急だとそれもままならない。この点についても、リスクを十分に意識する必要があるだろう。

そもそも、人口減少が引き起こす問題は今に始まったわけではない。景気予測などと違い、人口予測は見通しを立てやすく、確実性が高い。少なくとも現状を見れば、二〇～三〇年後の人口構成がわかるのだから、正しく認識して対策を立てることができたはずだ。

日本は海外に比べて人口学を扱う大学・研究機関がきわめて少なく、その中の一分野である歴史人口学も、日本に持ち込んだのは私が初めてだった。人口の現状分析や効果的な政策など、研究を進めれば成果が上がりやすい学問であるのに、人材が足りない。日本の社会にとって最適な人口規模はどの程度なのか、その規模で安定させるにはどのような政策が必要なのかなど、まだまだ人とお金を投入して研究されるべきテーマがたくさんある。やみくもに「人口減少＝

悪」と決めつけるより、客観的な研究に基づく議論が必要だろう。

†人口減少社会へ

ここまで述べてきたように、現代日本は人口減少を続けている。そしてそのことが、社会のさまざまな部分に大きな影響を与えている。歴史人口学という学問は、近代以前、あるいは近代の人口転換以前を対象とする学問なので、現在日本が直面する少子化や人口減少といった問題に対して、私が今まで行ってきた専門研究の結果や知識がどこまで役に立つかはわからない。

先ほども少し述べたように、実は、江戸時代の後半の一七二一（享保六）年から一八四六（弘化三）年にかけての時期にも、北関東や東北は人口が減少している。日本はこの時代にも人口減少社会を経験しているのだ。しかし、この頃の人口減少は、出生率の低下という意味では現代と似ているように見えるが、それでも東日本で合計特殊出生率が四・〇以上あった。むしろこの現象は、同時に死亡率が高かったことをその要因としている。この時代はいわば「多産多死社会」だったのである。

そしてここまで述べてきたさまざまな弊害や困難はあるが、私は最近の出生率低下、少子化をむしろ好ましいと考えている。大事なのは、無理に人口を増やし続けるより、人口減少によって起きる事象の意味を考え、社会の変化に合わせた対策を実行していくことではないか。

江戸時代の文化をどう考えるかにもよるが、葛飾北斎や歌川広重らの浮世絵、相撲、銘菓、俳句などの庶民文化はむしろ、江戸の人口減少時代の産物だとも言える。また、突出した芸術家や文学者だけではなく、庶民のための学校を作ったことで庶民の文化水準が上がっていることも指摘しておかなくてはなるまい。あるいは都市でも農村でも「講」という貯蓄組合を作って、誰でも旅行に行けるようになった。今の我々から見れば、庶民の生活水準は低いかもしれないが、江戸時代の初めの頃と、中頃、終わり頃を比べると、間違いなく平均寿命は伸びている。実際、江戸時代のはじめと終わりでは、平均寿命は五年違う。平均寿命を五年伸ばすということは、近代以前ではとても大変なことだった。

長い目で見れば、日本が人口減少社会になったことは実はなによりも重要なことだと思う。「禍い転じて福となす」ということわざがあるが、人口減少は一つのチャンスととらえられるのである。これをチャンスにするのもしないのも我々次第である。

あくまで可能性としてではあるが、私たちの文化も我々の頑張り次第では、一種のルネサンスのような時代を創りだすことができるかもしれない。私は現在の日本社会にそうした期待を抱いている。

あとがき

老年老い易く学成り難し、一寸の光陰軽んずるべからず
未だ醒めず池塘春草《ちとうしゅんそう》の夢、階前《かいぜん》の枯葉《ごよう》、散り果て行きぬ

いまの私の感慨を狂句に託すとこんなところだろうか。

少年の頃は一年が長かった。年齢を重ねるにつけ、一年が速く過ぎるようになった。まさか地球の公転が速くなったわけではないだろうから、結局は自分の心の持ちようなのだろうが。

二〇〇五年、七五歳で大学教員の職を辞め、のんびり暮らせるようになったと思いきや、事実は全く逆で、一年があっという間に終わってしまうのだ。

八〇歳になった時、誰も何も言ってこないので自分で祝おうと、二〇〇九年〜二〇一〇年の一年間で六冊の著作を刊行した。そのうち二冊は慶應義塾大学出版会から出ている。他は、だいぶ以前に書いた学位論文や筐底《きょうてい》に埋もれている論文を綴ったり、タテのものをヨコにしたり

（英文で出版したり）で、特に新しい稿を起こしたものはない。しかし、著書は必ず初校・再校と二回はゲラを読み、修正を施すものだし、時には三校まで読んだり、細かいミスを調べる必要が出てきたり、甚だしく加除の必要があったりもする。六冊がすべて同時に進行したわけではないが、重なってくると結構忙しく、時間の経つのを忘れるほどであった。

二〇一四年、八五歳になった時、「これで四捨五入すると九〇歳だ」と心の底で叫んだのが祟ったのか、急性の尿道炎で救急車を初めて呼ぶ始末。ゆめ年齢の四捨五入などしてはいけないことを覚った。それ以降は入院・通院の連続で、介護保険のお世話にもなり、目下「要介護1」で、在宅往診やリハビリを受け、薬代を含む医療費の自己負担は一割という身である。この「一割」という低率の負担は、個人的にはありがたいけれども、国家財政のことを考えると安閑としてはいられない。

二〇一六年八月、人間ドックで肝臓に異常な陰影が映り、精密検査の結果悪性腫瘍と判明。入院、ラジオ波焼灼法といい、針を患部に刺し中波ラジオと同程度の波長の電波で焼き切るという治療を約半年、入院計六回で根治という騒ぎがあったため、一年が異常に速く経過した。

九〇歳に近づくにつれ脚力が格段に衰え、歩くことが困難になってきた。行きたい所へ行けないのが、こんなに辛いとは想像もしなかった。六〇代の頃は、よく京都の町や道を歩いた。散策中もいくつかの学問的発想や、色々なことを思いめぐらしながら、銀閣寺から東山の裾を通って、南禅寺に至るいわゆる「哲学の道」をゆっくり、時には寄り道をしながら歩いたものである。何か、そうすることで私の心は清浄な水で洗われ、リフレッシュされる思いがした。

速水　融

編集部より――速水融氏は二〇一九年一二月四日、急逝されました。本書はほぼ完成に近い状態で遺された原稿をもとにご遺族の同意を得て刊行するものです。

参考文献

朝日新聞社編『朝日新聞重要紙面の七十五年』朝日新聞社、一九五四年
井上光貞他編『年表日本歴史六――明治・大正・昭和』筑摩書房、一九九三年
宇佐美龍夫『資料日本被害地震総覧』東京大学出版会、一九七五年
木戸幸一『木戸幸一日記』東京大学出版会、一九六六年
アルフレッド・クロスビー『史上最悪のインフルエンザ――忘れられたパンデミック』西村秀一訳、みすず書房、二〇〇四年
厚生労働省「第六三回人口問題審議会総会議事録」一九九七年二月二〇日、https://www.mhlw.go.jp/www1/shingi/s0220-2.html
国立社会保障・人口問題研究所編『人口の動向 日本と世界』厚生労働統計協会、二〇一九年
小嶋美代子『明治・大正期の神奈川県――人口構造と変動を中心に』麗澤大学出版会、二〇〇四年
近藤富枝『大本営発表のマイク――私の十五年戦争』河出書房新社、二〇一三年
渋沢敬三編著『豆州内浦漁民史料』日本常民文化研究所編、三一書房、一九七二年

関山直太郎『近世日本の人口構造――徳川時代の人口調査と人口状態に関する研究』吉川弘文館、一九五八年
寺崎英成、マリコ・テラサキ・ミラー『昭和天皇独白録』文春文庫、一九九五年
トゥールのグレゴリウス『フランク史――一〇巻の歴史』杉本正俊訳、新評論、二〇〇七年
東京天文台編『理科年表第一〇号 昭和九年』東京帝国大学、一九三四年
永原慶二編『日本史辞典』岩波書店、一九九九年
速水融「紀州慶長検地および検地帳の研究」『土地制度史学』第三号、土地制度史学会、一九五九年
速水融「近世屋久島の人口構造――享保一一年検地竿次帳の検討」『徳川林政史研究所研究紀要』徳川黎明会、一九六八年
速水融「新しい世界史像への挑戦」『諸君!』一九六九年八月号、文藝春秋
速水融「変動の江戸時代」『歴史と人物』一九七九年七月号、中央公論
速水融「中近東一人旅」『三田評論』一九九三年二月号〜一九九三年六月号、慶應義塾
速水融『歴史人口学で見た日本』文春新書、二〇〇一年
速水融『日本を襲ったスペイン・インフルエンザ――人類とウイルスの第一次世界戦争』藤原書店、二〇〇六年
速水融、岡田晴恵、立川昭二、田代眞人『強毒性新型インフルエンザの脅威』藤原書店、二〇〇六年

速水融「苦しかった講義、楽しかった講義――歴史人口学、勤勉革命、経済社会」（講演）、慶應義塾大学、二〇〇六年七月一五日
速水融「網野君は何を遺したか」『海と非農業民――網野善彦の学問的軌跡をたどる』神奈川大学日本常民文化研究所編、岩波書店、二〇〇九年
速水融『歴史人口学研究――新しい近世日本像』藤原書店、二〇〇九年
速水融「歴史人口学の継承と発展へ向けて」『三田評論』二〇一〇年二月号、慶應義塾
速水融『汽車とレコード』慶應義塾大学出版会、二〇一〇年
速水融編『歴史のなかの江戸時代』藤原書店、二〇一一年
速水融「「人口減少＝悪」ではない――次世代に向けて発想を転換せよ」ダイヤモンドオンライン、二〇一五年
速水融「僕は「うどんこ学者」なんです」『公研』二〇一七年七月号、公益産業研究調査会
速水融「老年老い易く学成り難し」『三田評論』二〇一八年一月号、慶應義塾
アンリ・ピレンヌ『ヨーロッパ世界の誕生――マホメットとシャルルマーニュ』中村宏、佐々木克巳訳、創文社、一九六〇年
増田正造『世阿弥の世界』集英社新書、二〇一五年
歴史学研究会編『日本史年表』第四版、岩波書店、二〇〇一年
渡辺偉夫『日本被害津波総覧』第二版、東京大学出版会、一九九八年
W. S. Churchill, *The Second World War*, John Keegan Edition. Vol. 3, pp. 348-51. 1983.

M. Fleury et L. Henry, *Des registres paroissiaux à l'histoire de la population: manuel de dépouillement et d'exploitation de l'état civil ancien*. INED, Paris, 1956.

E. Gautier et L. Henry, *La Population de Crulai, paroisse normande, etude historique*. INED/PUF, Paris, 1958.

Carol A. Smith, "Types of City-Size Distributions", in *Urbanization in History*. Ed. A. Van der Woude, Jan de Vries and Akira Hayami, Oxford. pp. 20–42. 1990.

Ch. Verlinden, *Introduction à l'Histoire Économique Générale*. Coimbra. 1958.

解説

斎藤　修

本書著者の速水融は、日本において歴史人口学を開拓し、歴史研究に数量史料の利用を取り入れ、統計手法を通じて実証する方法を導入した先駆者である。この自叙伝は、彼の学問がどのような時代背景の下、どのようにして形成されたのかを教えてくれる。

その面白さは読者に直接味わっていただければよいが、歴史人口学の「開拓」とは西洋の学問の輸入であり、その「導入」とは日本の数量データを発見し、その分析に統計処理の手法を導入したことだという、一般に流布している解釈は必ずしも正確ではない。どういう意味で正確でないか、それを明らかにすることは速水流の歴史学の真骨頂がどこにあったのかを理解することにつながる。この点につき少し立ち入った注釈をつけ加えることによって、解説に代えさせていただきたいと思う。

たしかに、本書第一一章でも「海外留学期間の最後に来て、思いもかけず私は「歴史人口学」という、日本では全く知られていない学問体系と出会い、その虜になった」(二二七〜二二八頁）と述べられているように、著者と歴史人口学との出会いはヨーロッパ留学時の偶然の産物であった。けれども彼は、日本にはまだ根づいていなかったこの学問をわが国の学界で喧伝し、数字が載っている日本の史料を集め、それを計算機で処理し、統計学的な手法を適用して論文を量産しようとしたわけではなかった。彼にとって歴史人口学とはたんなる輸入学問ではなかったのである。

フランスの歴史人口学者ルイ・アンリの革新的な、しかし非常に手間暇のかかる手法を知ったときに、速水が徳川時代の宗門改帳という、現代の戸籍簿にあたる史料の価値に気づくことができたのは、彼の学問の核心に「必要な統計は自分でつくる」というスピリットがあったからにちがいない。それに加えて、「(恩師) 野村兼太郎教授の門下生の一人として、経済史における人口の重要性を多少認識していた」（二二八頁）こともあったであろう。

さらに宗門改帳の人口学的研究を始めてからは、研究作業における実際的な側面において創意・工夫をこらす才があったことが大きい。最初は、毎年の改帳から一世帯ごとのカードを取り、全部取り終わったあとはそれを何度もシャッフルしなければならなかったが、その非効率を何とかしようと思って創りだしたのが、ベーシック・データ・シート（BDS）という世帯表であった。

その考案には「筆者の幼少期からの鉄道趣味が関係している」（二四六頁）とあるように、

列車時刻表になぞらえ、表頭を個々の列車名と号数（個人名と世帯番号を背負った背番号）、表側は駅名（年次）と表現されているが、それを台帳とすれば特定年の横断的な情報を追うことも、経年的な情報を追うことも容易にできるという意味で、まことに優れた考案であった。このように、史料収集と整理と集計を倦まずたゆまず実行し、斬新な発見を世に問うという研究スタイルを貫いてきた結果として新しい学問が生まれたのである。

速水以前に、歴史分析に統計データが必要だと考えた日本の歴史家は多くなく、たとえいたとしても、自前で統計をつくろうとしたひとはいなかったのである。

著者が始めたのは気力と集中力と持続力がなければできない作業であった。しかし、この骨の折れる作業からは二つの果実がなる。一つは、現代の社会科学者なら「近代以前についてもわかればいいのだけど、無理だろうな」と諦めていたさまざまな指標が算出可能となることである。人口の場合でいえば、村や地域の総人口の推移だけではなく、出生率・死亡率が計算でき、それも年齢別、あるいは出生や結婚を同じ時期に行ったグループ別に検討することができる、というようにである。

もう一つは、宗門改帳BDSを作成する過程で個々人の生のデータに直接触れるため、江戸時代における平均的個人の行動と一生にかんして具体的なイメージをもつことができるという点である。波瀾万丈の生涯を送った平民のことなら江戸文学からわかることもあるかもしれない。しかし普通の庶民のライフコースとなると、当時の何を調べてもわかりようがない。BDS作成作業はそれを可能とするのである。

第一の強みが発揮されたのが、最初の歴史人口学的著作、諏訪地方の村々にかんする『近世農村の歴史人口学的研究』（一九七三年）であった。江戸時代の後半が人口停滞の時代だったということは昔からいわれていた。しかし事実は、その停滞が異常に高い死亡率のゆえではなく、出生率の水準が高くなかったからであった。それどころか、死亡率には幕末にかけて明瞭な改善がみられた。たとえば、横内村という村落の宗門改帳から作成された生命表によれば女児の二歳時平均余命は一〇年以上も延伸した。これらは、著者が自ら作成した統計を分析することによって初めて発見できた事実であった。これらの研究成果は海外のコンファレンスや雑誌でも発表され、注目を集めたが、その斬新さからして当然の反応だったのであろう。

もう一つの視点が活かされたのは、次のフィールド、濃尾地方にかんする研究成果『近世濃尾地方の人口・経済・社会』（一九九二年）であった。そのプロジェクトでも基本的な人口学的指標は前著と同じく算出された。しかし、ここで初めて個人の行動追跡という手法が取入れられ、個人的な人口学的出来事に加えて、京都へ奉公にでるというような地理的な移動も分析の対象に入ることとなった。この作業からは、濃尾地方の場合、出稼ぎ先が京都から農村工業であった織物業地域へと変化したことや、奉公ないしは出稼ぎを経験したことが晩婚化の一要因だったことが判明した。

実際、女性の結婚年齢は趨勢的に上昇していた。したがって潜在的には少子化を招く可能性が生じていたが、現実の有配偶女性の年齢階層別出生率曲線をみると、出生率の水準低下が起きていたわけでもなかった。この出生率にかんする発見事実は、西条村という一村の事例ではあるけれども、昨今の晩婚化と少子化を想うといろいろな解釈ができそうで、興味深い。

この専門書の上梓に先立ち、やはり濃尾プロジェクトの成果にもとづいた『江戸の農民生活史』がNHKブックスの一冊として出版された(一九八八年)。この種の新書・選書の執筆はその後、この分野の面白さをアカデミズムの枠を超えて伝える媒体となった。そしてこのころから、歴史人口学を「歴史民勢学」と呼ぶ、あるいはいい換えることが増えたように思う。それは著者が、宗門改帳研究のもつ、このようなイメージ喚起的な側面を意識するようになったからにちがいない。

＊

著者は、本書の脱稿を前にして二〇一九年一二月四日に亡くなった。九〇歳であった。自叙伝といっても、本書のために「自叙」したのは全一五章のうち第七章までと、第九、第一〇章である。ただ、数カ月前から原稿を完成することが難しいことを悟り、第八章は網野善彦追悼文(神奈川大学日本常民文化研究所編『海と非農業民――網野善彦の学問的軌跡をたどる』岩波書店、二〇〇九年、所収）で代替し、第一四章に国際日本文化研究センターが現在編集中の梅原猛追悼論集へ寄稿した一文をもって充て、その他の章は、既存のエッセイや論文から節やパラグラフを抜き出し、著者が計画し書き記していた構成テーマに沿って編集する作業が進められていた。その作業は一一月後半には終盤を迎えており、「あとがき」に代わる文章を含め、著者に目を通してもらうところまできていた。あと数週間あれば、ご自身で編集部分への加筆訂正を済ませ、脱稿することができたのではないかと思う。

もっとも、この編集部分、とくに第一二章以降を読んでみるとわかることであるが、研究者速水融の全体像を知るうえで重要な事項がいくつか欠落していることに気づく。たとえば、学会活動、研究会活動への言及がいちじるしく少ない。著者が永年にわたって活動の場としたのは社会経済史学会で、巻末年表からも推測できるように、年次大会では節目となる重要なセッションを企画・組織していたし、学会の代表理事も務めた。各国の経済史学会の連合体である国際経済史協会（IEHA）では副会長を、国際人口学連合（IUSSP）では歴史人口学委員会の委員も務めた。また、国内の大学横断的研究組織、数量経済史（QEH）研究会と歴史人口学研究会は著者が発起人ないしは発起人の一人であった。

これらについては、たまたま利用可能な既発表の文章がなかったというだけのことなのであろうが、将来、この分野の学問史を書くひとにとっては残念な欠落にちがいない。著者が元気なときにきちんとした聞き書きをしておけばよかった、と思うのは私だけではないであろう。

＊

高齢の著者が本書の執筆を続けることができたのは、ひとえに優れたサポートチームのおかげであった。秘書役を務めてくださった小嶋美代子さん、速水ゼミ一四期生で執筆助手であった大野修君、そして万事にわたって著者を支えてこられたご息女の敷島《しきしま》千鶴《ちづる》さん、このチームなしには本書が完成することはなかったであろう。とくに大野君は、既発表エッセイの探索、ワープロ入力、組換え等々、最終段階で必要となったいっさいのデスクワークをこなしてくれた。お三方の労を多としたい。解説担当者の職分を逸脱しているのかもしれないが、この間、筑摩書房編集部の松田健・山本拓両氏には多くのことで大変にお世話になった。著者に代わり厚くお礼を申し上げる。

二〇一九年一二月

速水融　主要著作一覧

単著

『日本経済史への視角』東洋経済新報社、一九六八年
『日本における経済社会の展開』慶應通信、一九七三年
『近世農村の歴史人口学的研究――信州諏訪地方の宗門改帳分析』東洋経済新報社、一九七三年
『江戸の農民生活史――宗門改帳にみる濃尾の一農村』日本放送出版協会（ＮＨＫブックス）、一九八八年
『近世濃尾地方の人口・経済・社会』創文社、一九九二年
『歴史人口学の世界』岩波書店、一九九七年／岩波現代文庫、二〇一二年
『歴史人口学で見た日本』文春新書、二〇〇一年
『江戸農民の暮らしと人生――歴史人口学入門』麗澤大学出版会、二〇〇二年
『近世日本の経済社会』麗澤大学出版会、二〇〇三年
『日本を襲ったスペイン・インフルエンザ――人類とウイルスの第一次世界戦争』藤原書店、二〇〇六年

『歴史人口学研究――新しい近世日本像』藤原書店、二〇〇九年
『近世初期の検地と農民』知泉書館、二〇〇九年
『歴史学との出会い』慶應義塾大学出版会、二〇一〇年
『汽車とレコード』慶應義塾大学出版会、二〇一〇年

共著
『数量経済史入門――日本の前工業化社会』新保博、西川俊作共著、日本評論社、一九七五年
『大正デモグラフィ――歴史人口学で見た狭間の時代』小嶋美代子共著、文春新書、二〇〇四年

編著
『歴史のなかの江戸時代』東洋経済新報社、一九七七年／藤原書店、二〇一一年(増補新版)
『近代移行期の家族と歴史』ミネルヴァ書房、二〇〇二年
『近代移行期の人口と歴史』ミネルヴァ書房、二〇〇二年
『歴史人口学と家族史』藤原書店、二〇〇三年

共編著
『歴史人口学のフロンティア』鬼頭宏、友部謙一共編、東洋経済新報社、二〇〇一年

翻訳

B・H・スリッヘル・ファン・バート『西ヨーロッパ農業発達史』日本評論社、一九六九年
D・C・ノース、R・P・トマス『西欧世界の勃興――新しい経済史の試み』穐本洋哉共訳、ミネルヴァ書房、一九八〇年
E・A・リグリィ『人口と歴史』平凡社、一九七一年／筑摩叢書、一九八二年
スーザン・B・ハンレー、K・ヤマムラ『前工業化期日本の経済と人口』穐本洋哉共訳、ミネルヴァ書房、一九八二年
ロナルド・トビ『近世日本の国家形成と外交』永積洋子、川勝平太共訳、創文社、一九九〇年
ロンド・キャメロン、ラリー・ニール『概説世界経済史（Ⅰ・Ⅱ）』速水融監訳、池田利夫、中野忠、安元稔、玉置紀夫、藤原幹夫、東洋経済新報社、二〇一三年
マッシモ・リヴィーバッチ『人口の世界史』斎藤修共訳、東洋経済新報社、二〇一四年

速水融 年譜

西暦	歳	事歴	関連事項・世相
一九二九	0	哲学者／國學院大學元教授・速水敬二、母久子の長男として生まれる。敬二の兄は農業経済学者の東畑精一、敬二の妹は哲学者・三木清の妻にあたる。	一〇月二四日、NY市場が大暴落→世界恐慌が始まる。暗黒の木曜日。
一九三一	2		九月、満州事変。
一九三二	3		一月、上海事変。
一九三五	6	秋から芝泉岳寺そばに転居、近くの高野山幼稚園に移る。	
一九三六	7	芝区高輪台尋常小学校入学。	二月、二・二六事件。
一九三七	8		七月、盧溝橋事件。
一九四一	12	四月、東京府立一中（現都立日比谷高校）入学。小学五年から飛び級（同級生には宇沢弘文がいる）。	一二月、太平洋戦争。
一九四二	13		六月、ミッドウェー海戦

一九四三	14	地理の宿題で「都市人口分布図表」を作成、入賞。人口への関心。	
一九四四	15	七月、勤労動員が始まり、授業がなくなる。後に文藝春秋社長となる畏友・田中健五と出会う。古典音楽に熱中。勤労動員の給料は音楽につぎ込む。	戦局の悪化→国民生活が窮乏。一二月七日、東南海地震。
一九四五	16	四月、中学を四年で卒業。慶應義塾大学経済学部予科入学。八月、終戦の日。ベートーヴェン「田園」交響曲のレコードを聴く。	九月、慶應義塾大学日吉キャンパスがアメリカ軍に接収。
一九四六	17	四月、留年を覚悟するも、試験ボイコットにより予科二年に進級。高村象平教授と社会経済史にめぐり遭う。	一二月、南海地震。
一九四七	18	将来歴史家になろうと決心。	第一次ベビー・ブーム（〜四九年）。
一九四八	19	学部一年に進学。社会経済史、高村象平ゼミに入る。	六月、ベルリン封鎖が始まる。
一九四九	20	紀伊（三重県牟婁郡須賀利浦）で史料調査を始める。大量の慶長検地帳など歴史史料に出会う。	四月、GHQドル三六〇円の単一為替レート設定。七月、下山事件。
一九五〇	21	九月、経済学部卒業。卒論は「イギリス重商主義」。一〇月、日本常民文化研究所研究員（〜一九五三年三月）。全国各地（愛知・岐阜・三重・和歌山・高知・島根）の漁村・漁業史料の調査・整理にあたる。日本社会の理解や調査法について宮本常一氏の薫陶を受ける。	六月、朝鮮戦争勃発（〜一九五三年七月）。第七回国勢調査、人口約八四一一万人。女性の平均寿命六〇歳を超える。
一九五三	24	四月、慶應義塾大学経済学部野村兼太郎教授の副手（無給）となる（一九五三年〜五五年の太閤検地論争でマルキストに対抗して	二月、NHKが日本初のテレビ本放送開始。

		研究を発表。同時に野村教授から実証研究の尊さを学ぶ）。	
一九五四	25	野村教授の人口史研究の協力を始める。	ベビー・ブーム世代が就学へ。
一九五五	26	四月、慶應義塾大学経済学部助手（有給：一万二〇〇〇円／月）。	神武景気（〜一九五七年）。
一九五六	27	六月、結婚。中目黒に住む。	二月、国鉄東海道本線全線電化完成。
一九五八	29	九月、長男誕生。一〇月、土地制度史学会秋季学術大会で「紀州慶長検地および検地帳の研究」報告。	岩戸景気（〜一九六一年）。
一九五九	30	四月、慶應義塾大学経済学部助教授。	一月、キューバ革命。
一九六〇	31	六月、野村教授が急逝。日本経済史の講座およびゼミを引き継ぐ。	安保闘争が激化。
一九六一	32	一月、社会経済史学会編集委員となる。二月、長女出生。	小田実『何でも見てやろう』。
一九六二	33	三月、第一期ゼミ生一三名が卒業。	一〇月、キューバ危機。
一九六三	34	ポルトガル・ベルギーに留学（一九六三年二月〜一九六四年七月）。二月〜三月、イラン・シリア・レバノン・エジプト・ギリシャ・スイス・仏国・英国を経由して目的地ポルトガルへ。ポルトガルと日本の貿易の調査は難航。欧州滞在中に「フェルメール」絵画と出会う。	オリンピック景気（〜一九六四年）。一一月、米国・ケネディ大統領暗殺。
一九六四	35	一月〜六月、ベルギー・ゲント大学の奨学金で同大学に滞在。歴史人口学に出会う。七月、ユーゴスラヴィア・ギリシャ・トルコ・インド・タイ・香港・マカオ経由で帰還。九月、第三回ゼミ生を募集。杉並の現住所に住む。宗門改帳を用いる歴史人口学の	東京オリンピック開催。

		研究を開始。	
一九六五	36	研究費（史料収集／記録／集計／保存）獲得に草創期の苦労と発見の喜び。	物価問題深刻化。
一九六六	37	四月、文部省科学研究費を受け、マイクロフィルム撮影機を車に積み込んで史料調査を始める。九月、慶應義塾大学経済学部経済学博士号「初期検地帳の研究」。	ベトナム戦争激化。いざなぎ景気（〜一九七〇年）。
一九六七	38	四月、慶應義塾大学経済学部教授。信州諏訪地方の歴史人口学研究開始。	EC（ヨーロッパ共同体）、ASEAN（東南アジア諸国連合）成立。
一九六八	39	六月、社会経済史学会において「経済史における人口」を組織。九月、米・インディアナ大学で開催された第四回国際経済史協会大会で信州横内村の事例報告。国際学会デビュー。国際的に研究が認知・評価される端緒となる。	三億円強奪事件。
一九六九	40	九月、英・ケンブリッジ大学で開催の「家族と世帯の過去」国際会議に招待され、信州横内村の報告を行う。歴史人口学研究における日本の史料の貴重さを再認識。国際的に多数の研究者との知己を得て、人口学の世界的ネットワーク形成。	大学紛争鎮静化へ。慶應義塾大学三田キャンパス、研究室落成。
一九七〇	41	新研究室棟完成。地下一階に古文書室ができ、以後古文書室が仕事場となる。	大阪万博開催。よど号ハイジャック事件。
一九七一	42	五月、「数量経済史研究会」発足。	八月、ドル・ショック（一ドル三六

			○円の固定相場の終焉→変動相場へ）。
一九七二	43	濃尾地方の本格的調査開始。日産ブルーバード五一〇ワゴンに買い替え。	
一九七三	44	一〇月、第一六回日経・経済図書文化賞特賞、慶應義塾・福澤賞を受賞。	一〇月、第一次石油危機。
一九七四	45	秋、ＮＨＫ教育ＴＶで「宗門改帳と歴史人口学」を一時間×二回講義放映。七月、父敬二が逝去。	戦後初のマイナス成長。
一九七五	46	『数量経済史入門——日本の前工業化社会』刊行（新保博、西川俊作との共著、日本評論社）。	第二次ベビー・ブーム。ベトナム戦争終結。
一九七六	47	六月、社会経済史学会で「新しい江戸時代史像を求めて」を組織。「勤勉革命」を提唱。	ロッキード事件発覚。
一九七七	48	この頃鬱症状→医者にスポーツを勧められる→ボート購入。	
一九七八	49	「逢瀬会」発足。速水ゼミＯＢ会を組織的な運営へ移行して現在に至る。	
一九七九	50	一〇月、大学院経済学研究科委員長就任（～一九八一年九月までの二年間）。家族から贈られた復刻木版画で「北斎」との出会い。古文書室、日産ビル四階に移転。日産ブルーバード五一〇ワゴンを廃車、日産バイオレットへ。秋、カシオ・メロディー電卓ＭＬ七二〇を携帯用電卓として購入。	第二次石油危機。

一九八〇	51	一九八〇年代、歴史人口学研究の第一人者として世界的に評価され、活動領域も世界的に拡大。	
一九八二	53	二月～七月、プリンストン大学訪問研究員。一一月、キャノワード購入。	秋、CDプレーヤーの発売。
一九八五	56	レコードをCDに切り替え。	九月、ドル高是正のプラザ合意↓円高↓バブル経済へ。
一九八六	57	国際人口学連合（IUSSP）国際歴史人口学委員会の国際研究集会「都市化と人口のダイナミックス（Urbanization and Population Dynamics in History）」を慶應義塾大学図書館で開催。	
一九八七	58	四月、レーザーディスクプレイヤー購入。一〇月、経済学部長就任（～一九八九年九月までの二年間）。	五月、国際日本文化研究センター創設。
一九八八	59	四月、速水ゼミ第二五期生募集。一九六〇年の第一期生から三〇年間で五四五名。卒論提出者約八割。	
一九八九	60	九月、慶應義塾大学経済学部教授退任。一〇月、国際日本文化研究センター教授就任。（～一九九五年三月）。共同研究『ユーラシア・プロジェクト』をスタート。京都に単身赴任。車はスバル・レオーネへ。	一二月二九日、東証終値三万八九一五円。
一九九〇	61		バブル経済崩壊へ（一〇月一日、東証終値二万円割れ）。

一九九一	62	七月、日本学術会議第一五期会員（第一部：経済学系・経済史）任期三年。	バブル崩壊。
一九九二	63	慶應義塾大学名誉教授。	麗澤大学国際経済学部新設。
一九九四	64	五月、春の褒章「紫綬褒章」。	
一九九五	66	四月、麗澤大学国際経済学部教授就任（〜二〇〇五年三月）。東京研究センター（西新宿）を拠点に海外研究者とともに、人口・家族と社会経済のつながりの国際比較研究を推進。ＥＡＰ（ユーラシア人口家族史研究プロジェクト）二〇〇〇年まで。五月、「日本学士院賞」。歴史人口学の優れた業績「近世美濃地方の人口・経済・社会」を評価され。五月、済生会赤羽橋病院で心臓冠動脈バイパス手術。	一月一七日、阪神淡路大震災。三月二〇日、地下鉄サリン事件。
一九九七	68	二月、第六三回人口問題審議会総会にて少子化問題に関し「歴史人口学よりの照射」として説明を行う。	七月、アジア通貨危機→一九九八年ロシア、一九九九年ブラジル。通貨危機の連鎖。
一九九八	69		バブル崩壊後の金融危機→拓銀・長銀・日債銀の経営破綻で最悪期入り。
一九九九	70	一月、国際人口学研究連合（ＩＵＳＳＰ）より表彰。歴史人口学発展に寄与したことを評価され。	
二〇〇〇	71	一〇月、文化功労者。本格的な人口分析法を導入するなどして日	

		本の歴史人口学を確立。中国、イタリアなど海外の研究者にも影響を与える。文化の向上発展に功績顕著。	
二〇〇一	72	一二月、日本学士院会員（第一部）。歴史人口学を日本に導入し、宗門改帳で家族の歴史を追うという分野を確立した として選定される。	
二〇〇二	73	二月、三田に新しい研究オフィスを構える。七月、日経夕刊の連載コラム「人間発見　記録よ語れ」。一一月、勲二等旭日重光章。	
二〇〇三	74	学術会議会員。	
二〇〇五	76	三月、麗澤大学国際経済学部教授退任。一〇月、慶應病院で前立腺肥大の手術。	
二〇〇六	77	『日本を襲ったスペイン・インフルエンザ――人類とウイルスの第一次世界戦争』刊行。七月、慶應義塾創立一五〇年記念事業として記念講義を行う（於三田五一七教室）。「苦しかった講義、楽しかった講義――歴史人口学・勤勉革命・経済社会」。	
二〇〇七	78		サブプライム住宅ローンの問題表面化。
二〇〇八	79	フランス、人文社会科学学士院客員に選定。	九月、リーマンショック（米・リーマンブラザーズ経営破綻→世界的大不況）。慶應義塾創立一五〇年。

二〇〇九	80	一一月、文化勲章を受章。	
二〇一〇	81	一月、杉並区名誉区民。	
二〇一一	82		長引く円高（一〇月二一日、過去最高の円高七五円七八銭を記録）。
二〇一二	83	三月、三重県立熊野古道センターで講演会「近世の尾鷲——慶長六年検地帳から明治二年大指出帳まで」。	
二〇一五	86	オフィスを三田から新高円寺に移す。	
二〇一六	87	八月、肝臓に悪性腫瘍発見→約半年、入院計六回の治療で根治。	
二〇一八	89	一月、居住を「ベネッセ アリア杉並宮前」へ。五月、オフィスを新高円寺から自宅に移転し、研究・著述活動を継続。	
二〇一九	90	一〇月、天皇の即位の礼に参列。一二月四日、逝去。	

ちくま新書
1475

歴史《れきし》人口学《じんこうがく》事始《ことはじ》め
——記録《きろく》と記憶《きおく》の九〇年《きゅうじゅうねん》

二〇二〇年二月一〇日　第一刷発行

著者　速水　融（はやみ・あきら）
発行者　喜入冬子
発行所　株式会社　筑摩書房
東京都台東区蔵前二―五―三　郵便番号一一一―八七五五
電話番号〇三―五六八七―二六〇一（代表）
装幀者　間村俊一
印刷・製本　株式会社　精興社

ISBN978-4-480-07299-3 C0220

ちくま新書

618 百姓から見た戦国大名 黒田基樹

生存のために武器を持つ百姓。領内の安定に配慮する大名。乱世に生きた武将と庶民のパワーバランスとは――。戦国時代の権力構造と社会システムをとらえなおす。

650 未完の明治維新 坂野潤治

明治維新は〈富国・強兵・立憲主義・議会論〉の四つの目標が交錯した「武士の革命」だった。それは、どう実現されたのだろうか。史料で読みとく明治維新の新たな実像。

692 江戸の教育力 高橋敏

江戸の教育は社会に出て困らないための、「一人前」になるための教育だった！　文字教育と非文字教育が一体化した寺子屋教育の実像を第一人者が掘り起こす。

957 宮中からみる日本近代史 茶谷誠一

戦前の「宮中」は国家の運営について大きな力を持っていた。各国家機関の思惑から織りなされる政策決定を見直し、大日本帝国のシステムと軌跡を明快に示す。

1002 理想だらけの戦時下日本 井上寿一

格差・右傾化・政治不信……戦時下の社会は現代に重なる。その時、日本人は何を考え、何を望んでいたのか？体制側と国民側、両面織り交ぜながら真実を描く。

1036 地図で読み解く日本の戦争 竹内正浩

地理情報は権力者が独占してきた。地図によって世界観が培われ、その精度が戦争の勝敗を分ける。歴史の転換点を地図に探り、血塗られたエピソードを発掘する！

1096 幕末史 佐々木克

日本が大きく揺らいだ激動の幕末。そのとき何が起き、何が変わったのか。黒船来航から明治維新まで、日本の生まれ変わる軌跡をダイナミックに一望する決定版。

ちくま新書

1101
吉田松陰
――「日本」を発見した思想家
桐原健真
2015年大河ドラマに登場する吉田松陰。維新の精神的支柱でありながら、これまで紹介されてこなかった思想家としての側面に初めて迫る、画期的入門書。

1127
軍国日本と『孫子』
湯浅邦弘
日本の軍国化が進む中、精神的実践的支柱として利用された『孫子』。なぜ日本は下策とされる長期消耗戦を辿り、敗戦に至ったか？　中国古典に秘められた近代史！

1132
大東亜戦争　敗北の本質
杉之尾宜生
なぜ日本は戦争に敗れたのか。情報・対情報・兵站の軽視、戦略や科学的思考の欠如、組織の制度疲労――多くの敗因を検討し、その奥に潜む失敗の本質を暴き出す。

1136
昭和史講義
――最新研究で見る戦争への道
筒井清忠編
なぜ昭和の日本は戦争へと向かったのか。複雑きわまる戦前期を正確に理解すべく、俗説を排して信頼できる史料に依拠。第一線の歴史家たちによる最新の研究成果。

1144
地図から読む江戸時代
上杉和央
空間をどう認識するかは時代によって異なる。その違いを象徴するのが「地図」だ。古地図を読み解き、日本の形を作った時代精神を探る歴史地理学の書。図版資料満載。

1161
皇室一五〇年史
浅見雅男
岩井克己
歴代天皇を悩ませていたのは何だったのか。皇位継承、宮家消滅、結婚トラブル、財政問題――様々な確執やスキャンダルを交え、近現代の皇室の真の姿を描き出す。

1184
昭和史
古川隆久
日本はなぜ戦争に突き進んだのか。私たちは、何を失い、何を手にしたのか。開戦から敗戦、復興、そして高度成長へと至る激動の64年間を、第一人者が一望する決定版！